EX LIBRIS M^E CLAYE

NOTICE
SUR LE 13
VENDÉMIAIRE,
OU
LES PARISIENS
VENGÉS:

Dédié aux veuves et orphelins des français assassinés par la convention, et à tous les ennemis du crime et de l'anarchie;

Par AUGUSTE DANICAN, *commandant les sections le* 13 *vendémiaire*, *et condamné à la peine de mort par la commission militaire séante au Théâtre-Français.*

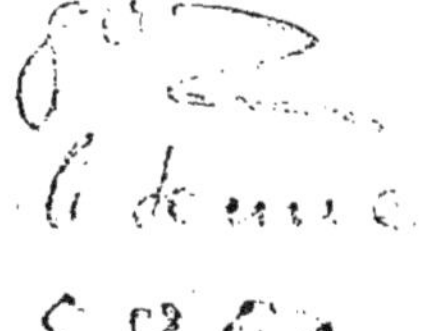

1796.

PRÉFACE.

Humblement retiré dans le caveau d'une église, qui a été mon asyle pendant deux mois ; accablé sous le poids des chagrins les plus cuisans, malheureux témoin du triomphe des vandales & de l'accablement des gens de bien, je me suis occupé à écrire quelques notes, tant sur le 13 vendémiaire, que sur les différens personnages dont les noms et les crimes remplissent les quatre parties du monde.

Comme je dis la vérité, & que toutes les vérités ne sont pas bonnes à dire, *je n'ai pu, jusqu'à ce moment, faire imprimer mon manuscrit, qui est achevé depuis le mois de décembre dernier.*

Je le présente tel qu'il étoit ; je n'y ai ajouté que de courtes réflexions sur le nouveau tiers des députés.

On me pardonnera sans doute un peu de désordre & de décousu, lorsqu'on saura, qu'au moment où j'étois livré au feu de *trativement. C'eſt le ſeul mérite de mon ouvrage.*

En attendant que je publie à mon tour une hiſtoire de la guerre de la Vendée, on trouvera ci après pluſieurs faits & anecdotes curieuſes, pour l'intelligence deſquels il faut que le lecteur connoiſſe la véritable ſituation de l'oueſt de la république.

Je lui apprends donc, ainſi qu'à tous mes compatriotes, (qui l'auront bientôt oublié) que non-ſeulement le département de la Vendée eſt totalement réduit en cendres, mais encore la moitié de celui de la Loire inférieure, ſur la rive gauche, la moitié de celui de Maine & Loire, du même côté, & enfin le bon tiers de celui des Deux-Sèvres, ont éprouvé le même ſort que la Vendée.

Voilà bien, géométriquement parlant, la quarante-deuxième partie de la république dévorée par les flammes....... &c. Paſſons maintenant la Loire, & nous nous trouvons tout d'un coup au milieu des chouans : annonçons à MM. les in-

différens, au conseil des anciens, à celui des cinq-cents & au directoire exécutif, qu'il y a en France onze départemens contigüs, où il existe, malgré les armées républicaines, des armées catholiques & royales assez bien organisées ; un général en chef, un état major-général & des commandans particuliers, au nom de Louis XVIII : affirmons, sans crainte d'être démentis, que les chouans & les républicains s'égorgent depuis deux ans & demi, que l'immense majorité des paysans se bat pour le roi & la religion, *& qu'ils sont tellement entêtés, qu'ils aimeroient mieux être fusillés douze fois de suite, que de crier :* Vive la république.

Voilà des faits : j'ai vu, très-bien vu, pendant deux ans & demi, & je défie les membres de l'ancien et du nouveau gouvernement de révoquer en doute les terribles vérités que j'avance.

Les onze départemens dont je parle, sont : le Finistère, — le Morbihan, — les Côtes du Nord, — la Loire inférieure, (rive droite) — Maine & Loire,

(rive droite) — la Mayenne, — la Manche, — le Calvados, — l'Orne, — la Sarthe, — Eure & Loire.

On prétend que le mal gagne la haute-Normandie; mais je ne hasarde pas des faits aussi graves. Je sais que la France est peuplée de malveillans, de chouans & de royalistes : je sais que le peuple français, qui a tout-à-fait perdu la raison, semble par fois regretter le règne de Louis XVI, parce que loin de faire guillotiner à-peu-près 60,000 français, il n'eût jamais imaginé des noyades, des fusillades, des sabrades, des foudroyades, & que cette manière de se débarrasser de son monde, ne lui étoit pas connue. J'entends une foule de factieux dire hautement que les crimes des fondateurs de la république leur ont enlevé une foule de prosélytes; que beaucoup de braves gens sont désabusés, & tous honteux d'avoir été si long-tems dupes & victimes de cette horde infâme de conjurés.

De mauvais plaisans, gangrénés de royalisme, viennent vous corner à l'o-

reille, en parlant de l'ancien régime :
« O le bon tems, que ce ſiècle de fer ! »

Un autre ouvre Saluſte, & ſoutient qu'il écrivoit contre la convention lorſqu'il diſoit :

« Mais qui ſont donc ces tyrans de la » république ? des ſcélérats déterminés, » ſouillés de ſang, d'une avarice monſ- » trueuſe, les plus criminels & en même » tems les plus orgueilleux des hommes, » qui font trafic de la bonne foi, de l'hon- » neur, de la piété, enfin de la juſtice & » de l'injuſtice ; les uns ont maſſacré les » tribuns du peuple, les autres ont fait des » pourſuites injuſtes ; la plupart ont verſé » votre ſang, & ce ſont ces forfaits qui » font leur ſûreté. Ainſi, plus chacun » d'eux eſt coupable, plus il est tranquille : » la crainte que leurs crimes devoient leur » inſpirer, c'eſt à vous qu'ils l'ont fait » ſentir par votre lâcheté, & ils ſe ſont » réunis par la conformité de leurs craintes ; » mais cette liaiſon qui fonde l'amitié » des gens de bien, n'est entre des ſcélé- » rats qu'une conjuration, &c.

En attendant que le directoire comprime ces turbulens, je vais démontrer que si nous sommes à la veille d'éprouver une disette générale, & toutes les horreurs de la famine, les auteurs de nos maux sont ceux qui ont décrété & sanctionné la dévastation & l'incendie de la superbe partie de la France, qui nous offroit des ressources immenses en tous genres.

Ausi omnes immane nefas, ausi que potiti,
Non mihi si linguæ centum sint, ora que centum,
Ferræa vox, omnes scelerum comprendere formas
. . . . possem.

Comme je n'ai pas le talent de l'écrivain, je tâcherai de dédommager le lecteur par une franchise imperturbable, un vrai patriotisme & une impartialité qui semblent bannis de la France.

J'abandonne à l'historiographe de la république, (maître P. F. Réal, procureur au ci-devant Châtelet de Paris) le soin de rassembler les grandes masses de notre hïstoire, et d'en buriner les traits glorieux; le successeur des Voltaire & des Marmontel, doit écrire pour la postérité,

& il trouvera dans ces mémoires quelques petits matériaux qui caractérisent particuliérement le dix-huitième siècle, ainsi que les braves & vieux patriotes de 89 qui, à force de travaux et de vertus, ont amené la France à un si haut dégré de splendeur & de félicité. « O quel conspirateur nous » avions parmi nous ! » vont s'écrier tous les gens que je démasque : j'ai l'honneur de prévenir ces messieurs, que je suis encore vierge en fait de trahison ; qu'à la vérité, j'ai servi la république fabriquée par Collot, Billaud, Marat & consorts ; république à la naissance de laquelle ont présidé les massacres des prisons, le brigandage, les élections de septembre & la plus étonnante immoralité ; mais que cette république n'avoit pas cessé d'être ma patrie, que j'aimois & servois de mon mieux.

Au milieu des monstres qui dévastoient la France, il étoit possible à un homme en place de faire quelques bonnes actions ; c'est ce que j'ai tâché de prouver ; & quelle que fût mon opinion & mon mépris connu pour le comité dit de salut public, &c., *tous les trésors du monde ne m'auroient pas fait sacrifier un des soldats que je commandois.* — *Et ce, en ne croyant pas à la solidité de la république, & en gémissant sur la mort d'un roi honnête homme, & victime de son amour pour le peuple français.*

Citoyens de toutes les classes & de toutes les conditions, consultez enfin la raison & l'expérience, & vous verrez que par-tout où le pouvoir est partagé, le peuple est malheureux. Appréciez froidement le cahos de violences, de fraudes, de cruautés, de contradictions, de mensonges, &c. qu'on appelle la plus sublime des révolutions, *& vous serez déchirés par des souvenirs bien douloureux.*

Pour avoir beaucoup de soldats, il faut se procurer beaucoup d'argent, & avec beaucoup d'argent on a beaucoup de soldats : *c'est à ce terrible cercle que se réduit à peu près toute la politique du nerveux gouvernement qui nous étrangle.*

NOTICE

SUR

LE 13 VENDÉMIAIRE,

OU

LES PARISIENS VENGÉS.

Vos quirites, imperio nati, æquo animo servitutem toleratis? at qui sunt hi qui rempublicam occupavere? homines sceleratissumi, cruentis manibus;... plerique cædem in vos fecisse pro munimento habent, ita quam quisque pessume fecit, tam maxime tutus est... *Salluste.*

En révolution, le pouvoir demeure toujours aux plus scélérats, disoit l'horrible Danton, lorsqu'escamoté par Robespierre, il vomissoit des imprécations dans son cachot; ce Danton, le patron des *septembriseurs*, ce colosse facétieusement sanguinaire, et qui fit tant de mal à la France, savoit par expérience qu'une poignée de brigands bien audacieux, pouvoit maîtriser une assemblée, quelque nombreuse qu'elle fût ; car il y eut et il y aura toujours plus de sots et de lâches, que de gens instruits et courageux.

Français ! vous venez d'acquérir une millième preuve de cette vérité ; la convention nationale, pour répondre aux justes réclamations d'un peuple long-tems et impunément outragé, a pensé avec raison que tout ce qu'elle pouvoit dire de mieux, ne valoit ni des soldats, ni des généraux, ni de la mitraille ; elle ne s'est pas bornée à tuer des citoyens fondés en droits, elle a ajouté à ce nouveau crime une ridicule et insolente calomnie ; fière des événemens et de sa trahison, elle a accusé les habitans de Paris ; je vais l'accuser à mon tour, non pas vaguement, mais avec l'accent de la vérité et la simplicité de la franchise.

J'apprécierai à leur juste valeur les nouveaux lauriers dont ces héros viennent de se couvrir.

Tyrans du peuple ! vous avez canonné les parisiens, mais vous n'avez pu foudroyer l'opinion publique, qui vous poursuit de toutes parts.

Vantez-nous donc vos triomphes avec forfanterie ! je vous répondrai au nom de tous les français, qu'ayant bien su trouver de soi-disant républicains qui, sous les ordres des généraux Rossignol, Grignon (1), Hu-

(1) Demandez au député l'Official ce qu'a fait Grignon dans la Vendée; relisez les mémoires que vous avez oubliés, et vous verrez que ce monstre a fait fusiller jusqu'à son beau-père; ce général étoit marchand de bœufs; — il est libre, et commande à Châlons-sur-Marne.

On a prouvé à Huchet qu'il avoit fait égorger femmes et enfans; fait fusiller des municipalités en écharpe, etc. il est libre; — ce misérable recruteur, toujours ivre, vient d'assassiner à coups de sabre un citoyen au milieu des rues de Paris; — il est libre! — Voilà les héros de la phalange des patriotes de 89; — ils sont libres!!!! ils sont libres!!

Extrait du No. 10 de l'orateur de Fréron. — « La » justice va serrer dans ses liens les généraux perfides » qui ont abreuvé du sang innocent cette terre mal- » heureuse, etc. etc. Sections de Paris, rallumez votre » antique énergie à celle de la convention, repoussez » avec indignation à votre assemblée prochaine les » propositions perfides de quelques intrigans en- » voyés par les meneurs des jacobins, secouez leur « joug, démasquez-les, et faites entendre à la con- » vention nationale l'expression libre de votre vœu » en faveur de tous les principes qui garantissent vos » droits et votre liberté. » — Parisiens! comment trouvez-vous Fréron qui, le 12 vendémiaire, recrutoit au faubourg S. Antoine, et le 13 vous assassinoit? cela veut dire qu'il y a loin de son style à son mauvais cœur, et que nous sommes des sots. —

chet, Duquesnoy, Cordellier, Thureau, etc. etc. etc. et de vos collègues Bourbotte, Hentz, Francastel, Richard, Choudieu, Thureau (cousin du général) Carrier, Fayau, Bellegarde, Levasseur de la Sarthe, etc. etc. etc. et en vertu de vos décrets atroces, ont été capables de brûler 500 lieues carrées dans la république, capables d'éventrer des femmes, de porter leurs enfans au bout des bayonnettes; capables de massacrer des vieillards, parce qu'ils croyoient en Dieu; capables enfin de ravager, piller, noyer, égorger et fusiller une immense population; je vous répondrai, barbares, que les auteurs et les ordonnateurs de tant de crimes, devoient trouver encore une armée pour les défendre.

Mettez donc vos canons en batterie, faites dresser des échafauds, forgez des conspirations, vous ne sauriez me répliquer d'une autre manière.

Vous n'avez pas été honteux de renouveller ces pauvretés de vos amis Marat et Robespierre; vous ignorez sans doute, que, jusqu'aux savetiers et aux poissardes, tout le monde se moque de vous et de vos crieurs de conspirations : mais hélas! ce qui n'est nullement chimérique, c'est la misère réelle

dans

dans laquelle vous nous avez plongés, et pour long-tems ! !

O ma patrie ! ! France ! jadis la gloire des nations, je ne saurois envisager ton sort sans verser un torrent de larmes ; tu es couverte de sang et de cadavres ! es-tu donc destinée à devenir la honte de l'univers ? resteras-tu long-tems livrée à des misérables qui sont l'opprobre du genre humain, l'aversion du peuple entier, et l'horreur de quiconque a de la conscience et de l'honneur ?

Plus je suis rapproché de l'échafaud, plus je sens redoubler mon amour pour mon pays ! Il n'y a qu'un lâche qui peut se taire, lorsqu'une grande partie de la France est en proie à la guerre civile, que douze départemens de l'Ouest sont dans un état de dévastation qui fait frémir, et qu'on voit depuis plus de deux ans, les malheureux cultivateurs réduits à se cacher et abandonner leurs maisons au pillage.

Le gouvernement n'a fait qu'aggraver toutes ces calamités, au lieu d'y apporter un remède salutaire ; et si ces contrées perdues à jamais, renferment tant d'ennemis de la république, c'est à la tyrannie et à ses généraux sans-culottes et sans moralité, que la nation a droit de s'en prendre (2).

---

(2) Je commandois à Laval en brumaire 1793; à l'aide d'une adresse aux habitans de la campagne et de quelques tournées, en moins de huit jours, les paysans m'apportèrent plus de 1200 fusils, et leur adhésion aux loix de la république; satisfait de mon succès, j'envoyai chercher quarante maires ou officiers municipaux, pour leur remettre une instruction. Ils vinrent librement; quelques jours après on les envoya, sans m'en prévenir, au pont de Cé, où l'on conduisoit 50 charretées de religieuses, de prêtres, de suspects, de fédéralistes, de riches, qui furent guillotinés, noyés et fusillés; mes pauvres municipaux furent compris dans cette expédition, par un nommé Milliere membre de la commune de Paris, et d'une commission révolutionnaire.... et on s'étonne qu'il y ait des chouans! Ce même Milliere qui demeure à Paris, section du Bonnet-Rouge, avoit l'intention de faire fusiller à Angers les cent et quelques nantais envoyés par Carrier à Francastel: il vint plusieurs fois chez moi, m'engagea à les faire fouiller et à les fouiller moi-même, parce que, disoit-il, ils étoient trop riches et pouvoient corrompre la garnison; il me demanda des troupes pour les faire fusiller, en m'assurant que dans un moment de siège cela étoit tout simple, etc. je trouvai mille prétextes pour m'y refuser, et Dieu sait les ruses que j'employai pour détourner le coup fatal; c'est ce qui fut cause que Francastel n'osa pas les faire mourir, *comme s'en plaint Carrier dans une lettre.* Ces infor-

L'existence des vendéens et des chouans, est l'ouvrage de la convention, de cette

---

tunés doivent le jour au hasard qui me conduisit à Angers. — Pendant le siège on fit mourir au pont de Cé, trois ou quatre mille personnes; ce fut toujours ce Milliere. — Les témoins de ces horreurs sont, Hortode commis aux comités de la guerre; Christophe, capitaine de hussards au huitième régiment; Lacroix adjudant-général, maintenant à l'état-major à Paris. — Ce fut lui qui amena à Laval les municipaux noyés depuis par Milliere. *Extrait d'une lettre de Félix et Milliere, datées 6 nivose deuxième année.* « Le nombre des brigands est incalculable; en les » fusillant, c'est trop long, on dépense de la pou- » dre et des balles; on a pris le parti de les mettre » en certain nombre dans de grands bateaux, au mi- » lieu de la riviere, à demi-lieue de la ville, on coule » le bateau à fond. Cette opération se fait continuelle- » ment. On ne fait grâce à aucun. Angers, S. Florent, » et les autres endroits sont pleins de prisonniers; » mais ils n'y resteront pas long-tems, ils auront aussi « le baptême patriotique. » *Signé* Milliere et Félix. — On lisoit cela en pleine commune, et on applaudissoit! un fait certain, c'est qu'un soldat noyeur proposa à une jeune fille de la sauver à des conditions... La malheureuse se serra près de sa mère, qu'elle accompagna dans le bateau. — Ce qui me désole, c'est qu'une foule de sots et d'égoïstes n'ajoutent pas foi à toutes ces horreurs; il est vrai qu'il faut avoir vu pour croire. — Francastel a fait noyer à Angers, comme Carrier à Nantes. Il vit! —

troupe de loups affamés, parmi lesquels une faction n'a pas plutôt été détruite, qu'on l'a vue se rétablir, et revivre après sa mort.

O mes concitoyens ! nos neveux ne pourront croire que ces tigres cruels sont parvenus *per fas et nefas* à se faire continuer dans le gouvernement d'une république qu'ils ont minée jusqu'aux fondemens, et c'est sans doute pour nous ensevelir sous ses ruines, qu'ils couronnent en ce moment tous les vices et proscrivent toutes les vertus.

Pleurons, pleurons amèrement; car nous sommes le plus malheureux peuple du monde !

Si je puis être utile en démasquant les imposteurs, mon but sera rempli, la terreur ne comprimera pas ma pensée; et je dirai la vérité sur le compte de tous les assassins de ma patrie.

Passons donc aux événemens du 13 vendémiaire; observateur *actif et vigilant* dans cette journée remarquable, je puis détromper les départemens sur le compte des parisiens.

C'est en vain que la convention a essayé de faire prendre le change à toute l'Europe; on sait que les sections n'ont pris les armes, *ni pour faire la contre-révolution*, *ni pour dissoudre la représentation*, mais bien contre une cohorte nombreuse de terroristes réarmés au nom des comités de gouvernement.

Les énergumènes qui nous traitent de rebelles, feignent d'ignorer que nous ne demandions au ciel que des députés sages... Et du pain! du pain! et la constitution qu'on avoit sincérement acceptée.

Lorsque des citoyens connus, et qui ont versé leur sang pour la patrie, sont désignés par ces gens-là comme chouans ou conjurés; lorsque les décemvirs proscrivent leurs têtes, on ne peut s'empêcher de comparer ces fourbes insignes aux habiles filoux, qui ayant dérobé la montre ou la bourse de leur voisin, crient plus fort que le volé, et tous les autres, au voleur!!! au voleur!!! au voleur!!!

Je ne retracerai point ici les crimes sans exemple commis par la convention nationale; ils sont consignés dans les papiers publics; vous y verrez trois ou quatre cents prétendus sauveurs de la patrie qui, dans l'espace de trois ans, ont changé cent fois d'opinions, de masques et de factions.

Venons à cette époque où nos représentans criblés de remords, (que dis-je? ils n'en ont pas!) fatigués de la contenance sublime des sections de Paris, humiliés des vérités dures qu'elles venoient dire à la barre à cette époque où les députés coupables entendoient la masse du peuple, lui demander compte des millions de brigandages exercés impunément, de l'épuisement de la fortune publique; alors, dis-je, que poursuivis par la haîne et l'indignation universelle, et voyant qu'ils ne pouvoient se retirer de ce mauvais pas, qu'en organisant la guerre civile, ils se déterminèrent à prendre ce dernier parti.

Semblables à cette bande de faux monnoyeurs qui s'étant introduits secrettement dans un château, à l'effet d'en tuer les maîtres et de s'y établir, furent bientôt investis de tous côtés, ils délibèrent à la hâte sur les moyens de se soustraire à la corde; le meneur de la bande conseille de mettre le feu par-tout, et mes brigands s'échappent sains et saufs au milieu des flammes.

Nos gouvernans et intrigans se sauveront-ils une seconde fois et avec la même adresse que la premiere? j'en doute, car je crois fermement à la providence.

Je ne serai ni outré, ni partial; je dirai seulement ce que j'ai vu; et si j'entre dans quelques détails, c'est que la convention en ayant imposé en gros, il faut bien la relever en détail : je passerai sur les misérables intrigailleries des comités, sur les sommes immenses distribuées à leurs partisans ; je ne dirai rien des orgies dans lesquelles ils électrisoient leurs satellites ; ils gorgeoient de vin et de nourriture leurs amis, tandis que le pauvre peuple expiroit de famine; quittons ce tableau dégoûtant ; cent volumes ne diroient pas tout, et je puis à peine continuer.

Quelques jours avant le massacre de vendémiaire, les montagnards et autres conjurés employoient tous les moyens de diviser les sections ; par-tout ils avoient de nombreux agens; des militaires faisoient le vil métier (3) d'espions ou records, et étoient payés comme tels ; on les avoit spécialement chargés de crier que tout homme qui avoit du

(3) Lors du réarmement des terroristes, un adjoint nommé Contant, que j'avois vu à Rouen, s'appitoyoit comme moi sur le sort de la patrie ; ce même homme a pris la poste pour courir après moi, a emprisonné ma famille, fait mettre le scellé, etc. etc. Il a été attaché dans la Vendée au bourreau Huchet, et sa conduite n'étonne personne.

Citoyen Contant, pour un chevalier français, vous faites un très-plat métier. — Oui, mais on avance en grade — Eh bien, devenez général, si vous pouvez, je vous le souhaite.

bon sens, de l'honneur et de l'énergie, étoit un royaliste, un conspirateur et un contre-révolutionnaire; des bourgeois, des artisans, prouvoient avec naïveté, que des députés qui vouloient nous représenter en dépit de nous, étoient de vrais tyrans; eh bien! tout cela étoit royaliste; se plaignoit-on de la misère? royalistes; méprisoit-on quelques sénateurs, *publico clamore convictos?* royalistes; disoit-on que la montagne conspiroit plus chaudement que jamais? royalistes; avançoit-on en principes que pour sauver la république, il falloit nommer au corps législatif les hommes les plus recommandables en France par leurs talens, leur patriotisme, et sur-tout leur courage? royalistes; accusoit-on le gouvernement d'avoir mis en liberté des scélérats qui méritoient mille morts? oh! pour le coup on étoit non-seulement royaliste, mais un bel et bon chef de chouans. C'étoit bien pis, si l'on s'avisoit de prouver que 500 députés qui formoient la majorité de 750, devoient empêcher Robespierre et compagnie de transformer la république en cimetière; et que ceux qui ne l'avoient point fait, étoient ou les valets ou les complices des tyrans; cette démonstration transportoit les sbires d'une sainte colère; ils grinçoient les dents en hurlant : *Vive la convention !* parmi cette foule de coquins on distinguoit un troupeau de généraux (4).

Ces coupe-jarets conventionnels, faisoient afficher de plats placards, tels que *Paris deshonoré aux yeux de l'Europe.* Deshonoré, grands Dieux! parce que les patriotes éclairés et vertueux devoient aller siéger à la place de tous les Laplanche, Armonville et autres brigands de la convention, et remplacer une grande partie des 500, que je considérerai désormais non pas comme des Lycurgue, mais comme des soldats d'artillerie.

---

(4) On aura peine à croire que sur nos milliers de généraux, il n'en existe pas cinquante capables de commander strictement un bataillon ou un régiment de cavalerie; eh bien, j'en ai connu qui ne savent pas même lire, et qui de tambours majors et de guichetiers, sont devenus généraux divisionnaires; Tribout-Libre, cousin de Bouchotte, et Sabatthier, cousin de Chaumette; Huet terroriste et ignare; voilà l'espece de généraux patriotes desquels Fréron demande le remplacement. . . . O Dieu! si la nation savoit dans quel état sont nos armées; plus d'ordre, plus de discipline, plus de chevaux, sur-tout. — On fournit aux soldats dix fois plus d'effets qu'autrefois, et cela est vendu à la barbe des officiers; qui est dupe de cela? Le pauvre peuple.

Voilà les œuvres des généraux fréroniens.

Au milieu de ces turpitudes, de toutes les folies affligeantes qui n'appartiennent qu'à nous, le calme le plus heureux régnoit dans les sections de Paris; fortes des principes, elles dédaignoient les invectives des Barras, Talot, Louchet, Legendre, Tallien, Fréron et consorts; déja les lieux communs de conjurés, royalistes, chouans, conspirateurs, rebelles, vendéens, agens de Pitt, amis de Cobourg, envoyés de Charette, étoient sensiblement épuisés; plusieurs querelles suscitées par des laquais habillés en généraux, n'avoit pas eu le succès que nos comités s'en étoient promis; enfin l'heure de la justice alloit sonner, lorsque par une inspiration Robespierrienne et bien révolutionnaire, le gouvernement fit un appel à ce qu'il lui plut de désigner sous le nom de *patriotes de* 89.

Comme la formation de cette légion de mandrins patriotes est la seule et véritable cause de l'insurrection des parisiens, j'essaierai de la dépeindre.

J'étois aux Tuileries le 12 vendémiaire, lorsqu'on l'organisa. Un militaire vétéran, et chef de cette horde, me voyant en uniforme d'officier-général, me supposa général de la convention; il me parla d'abondance de cœur, m'instruisit des funestes projets du gouvernement et des mesures de vigueur qu'on alloit prendre ; je parcourus quelques rangs, et je déclare à la face du ciel, que là je reconnus une grande partie des scélérats qui ont désolé la république, et que mon métier et mes voyages m'ont mis souvent à même de rencontrer.

Il y avoit sur-tout grand nombre de ces agens de Bouchotte, de ces délégués de procousuls, une quantité de membres de comités révolutionnaires ; là cette bande de généraux, chassés des armées comme ineptes ou terroristes, formoient avec arrogance des pelotons de sicaires ; au milieu des égorgeurs et brûleurs de la Vendée, on remarquoit le général histrion Dufraisse, ce fameux complice du marquis de la Valette ; ses yeux étinceloient ; il portoit le pistolet à la ceinture, et pensoit au tems heureux où il portoit une guillotine sur son cachet ; on distinguoit le sot et terrible Vachot, que cent mille voix accusent inutilement, et dont le nom produit dans la Mayenne et autres lieux voisins, le même effet que celui de Collot à Lyon ; on y voyoit enfin les Parein (5), les

(5) Quel rude acteur que ce Parein ! il fut en poste à Versailles expédier les prisonniers d'Orléans ;

Colette, les S. Amand, et tant d'autres plats coquins *patriotes de* 89, comme leur patron d'Arras.

La façade des Tuileries étoit l'égoût où venoit tomber toute la fange sanglante de toute la république; on y démêloit ces physionomies d'égorgeurs à gages, employés et payés les 2 et 3 septembre; ils crioient qu'ils alloient faire danser les sections, coupoient les cheveux des citoyens dont la figure ne leur revenoit pas, arrachoient des collets d'habits; les cartouches, l'eau-de-vie et le vin, circuloient en abondance; tout le monde a vu cela; j'ai entendu quelques députés vertueux en gémir (6).

---

au deux septembre il jugeoit aux prisons; il jugeoit à Saumur; il jugeoit à Lyon; son ami Collot, en reconnoissance de ses services, le fit de juge, général-divisionnaire; lors du prétendu retour de la justice, il fut destitué et mis au Plessis; il ressuscita le saint jour des vengeances. — Ce patriote de 89 a donné la mort à plus de 6000 français, et il étoit associé de Milliere dans la Vendée; — ils sont libres!! Les Vachot, Dufraisse, etc. etc. sont employés! — Oh! ma patrie! tu seras bientôt réduite en cendres; — mais je n'en reviens pas, ces bourreaux sont libres!! et me voilà conspirateur avec tant d'autres.

(6) Bernier, député de Seine et Marne, le plus franc et le plus honnête homme du monde, républi-

Voilà, citoyens de toute la république, les patriotes par excellence qui composoient la garde d'honneur de la convention. Une faction criminelle déhontée, osera dire qu'elle n'a pas voulu provoquer la guerre civile en les réarmant. C'est le comble de l'imposture et de l'effronterie ; ah ! si, par un besoin de la nature, les meneurs se sont rapprochés des cannibales, les gens de biens peuvent-ils oublier les maux irréparables dont ils ont accablé la France?

Je demande à tout honnête homme, quelle opinion on peut avoir d'un comité, qui tantôt soudoye, puis désarme, puis fait assiéger, puis flatte, puis console, puis réarme, puis

---

cain sincère et éclairé, mais qui n'est pas à la hauteur, c'est-à-dire, qui n'a ni volé ni fait assassiner personne; aussi est-il un peu suspect; je suis fâché qu'avec des talens, et sur-tout l'onction de la franchise, il ne parle pas plus souvent ; il ne faut pas se borner à gémir sur nos maux, il faut en confondre les auteurs. — Entendez-vous, citoyen Bernier ? un homme loyal comme vous l'êtes, qui n'a pas péché dans les sacristies, etc. etc. (vous savez comme d'autres ont fait) eh bien ! un homme comme vous, en ouvrant ses yeux, en renfonçant son chapeau, doit faire rentrer sous les bancs du sénat ces tigres marquetés de forfaits ; — ah ! si . . . . mais je suis mort . . . Adieu, mon ami Bernier.

implore le secours de ces dogues révolutionnaires, qui, grâce à Dieu, finiront par s'entre-dévorer.

Les sections apprirent à l'instant qu'elles étoient encore livrées aux bourreaux du peuple, que les troupes alloient cerner les assemblées primaires; les parisiens ont à réparer la foiblesse qu'ils montrèrent aux 2 et 3 septembre, et au 31 mai, journées à jamais deshonorantes pour la nation française; les noms de plusieurs députés dominans leur retracent une longue série de forfaits; on se figure ceux qu'ils méditent encore. L'honneur, la liberté, la sûreté les déterminent à prendre les armes. Je cours à ma section; j'y rendois compte de ce que j'avois vu et de ce qui se préparoit, lorsque plusieurs citoyens du Théâtre-Français vinrent m'inviter de marcher à leur tête; ils savoient qu'ardent et vieux ami des principes, j'avois protesté contre les décrets mortels, et donné ma démission : honoré de leur confiance, je ne balance pas à y répondre; déja leur bataillon étoit sous les armes; nous partons : trois sections nous joignent au Pont-Neuf; vers le milieu de la nuit l'artillerie conventionelle veut avancer, je l'en empêche, malgré les soins du chef du poste de la Samaritaine qui leur livre passage, et voulut me livrer aussi; j'occupe la moitié du pont, et je fais rétrograder un parti de dragons qui venoit nous charger du côté de la monnoie; je me retranche à la hâte, en bénissant le ciel de n'avoir point fait tirer un coup de fusil ..... observez que les Barras, les Merlin, les Réal, n'ont pas dit un mot de cet événement.

Le 13 au matin on nous apprend que la section Lepelletier est débloquée; je m'y rends, et nous y trouvons la majorité des sections de Paris; on nous instruit de la destitution du général Menou (7) et de quelques

---

(7) C'est le grand général Brune, ce révolutionnaire consommé, qui a travaillé sans relâche et derrière le rideau, à perdre le général Menou, qui peut se flatter d'être échappé à bien des dangers. Ronsin devoit le faire guillotiner il y a deux ans, lorsque le général reçut un coup de feu à Vihier; cette blessure lui a sauvé la vie; j'apprends qu'un jugement vient d'acquiter ce militaire estimable, et on ne fera rien à ses plats dénonciateurs! et il y a de la justice! et nous ne sommes pas des pantins! oh que non! nous sommes un peuple libre, chez lequel on peut calomnier impunément l'honneur et la vertu.. quelle pitié!!!! peuple libre? oui, libre de se faire museler et rogner les ongles. Passe pour cela; à la diete et l'eau, mes amis, et ne vous emportez plus.

J'oubliois de dire que le brave Barras, proposa à

autres officiers généraux qui connoissant l'infâme conjuration, avoient refusé de se couvrir de honte et de sang.

On savoit qu'une artillerie formidable étoit disposée sur tous les points environnans la convention, que des colonnes séduites et enivrées, que les terroristes sur-tout altérés de vengeance et de pillage, alloient recevoir des ordres et tomber inhumainement sur les sections; nous n'avions plus de ressource que dans le désespoir. La haîne constante que j'ai montrée aux meurtriers, un patriotisme soutenu, mais exempt de crime, ma profession de militaire, me firent désigner comme chef; j'accepte dans la ferme résolu-

la convention dans le tems de prairial dernier, de nommer Brune commandant de la 17e. division, c'est-à-dire de Paris; il avoit pour cela de bonnes raisons; ce qu'il y a de très-plaisant, et ce dont les parisiens ne s'apperçurent pas, c'est qu'une partie des vainqueurs de prairial étoient désespérés de leurs triomphes; ils s'assommoient eux-mêmes; voilà le grand secret de la réaction subite des voleurs et des buveurs de sang; voila la cause unique de l'affaire du 13 vendémiaire; ils devoient vaincre, car ils se préparoient depuis long-tems; les éloquens de section faisaient des phrases, lorsqu'ils devoient faire arrêter les restes infâmes de la faction Dantonne, qui domine et qui dominera long-tems.

tion

tion d'empêcher la guerre civile par tous les moyens possibles. Dieu ! je te prends à témoin de la pureté de mon cœur ! je déclarai en pleine assemblée que ce que je pourrois faire de plus glorieux, seroit d'arrêter les français prêts à s'égorger entr'eux ; voilà sur mon âme les sentimens que j'ai manifesté partout, et le fameux rapport de Merlin le prouve invinciblement.

J'assignai des postes à plusieurs bataillons que je haranguai, en les faisant jurer de ne point attaquer ; il régnoit dans les rangs une unanimité admirable, en dépit des gens vendus et apostés pour nous trahir ; on étoit indigné de voir la convention entourée des monstres de la fureur desquels les honnêtes citoyens l'avoient préservée en prairial.

Remarquez que les cris de *vive la république* furent répétés mille fois en tous lieux et vis-à-vis les bouches à feu qui devoient donner la mort aux républicains, ce qui n'empêcha pas les factieux de dire audacieusement qu'on entendoit de toute part le cri de *vive le roi*. Ces misérables sont donc persuadés que toute la France soupire après la royauté, puisqu'ils accusent sans cesse les citoyens de toutes les professions, d'être d'infâmes royalistes, des chouans, etc.

Je me portai par-tout, et j'y parlai avec cette onction qui part de l'âme bien pénétrée de l'amour de la patrie.

Parisiens, j'invoque ici votre témoignage; vous m'avez vu et entendu, mon cœur s'ouvroit au sentiment d'une paix prochaine, des larmes d'attendrissement sillonnoient mon visage, je me félicitois de pouvoir arrêter le torrent de maux qui menaçoient en ce moment la république : j'invitai quelques députés que je vis, à faire part de nos intentions au comité, notamment Taillefer et un corse (le premier étoit ivre-mort); je me présentai à tous les postes gardés par les soldats de la convention, je parlai raison et principes aux généraux qui les commandoient; mais hélas! quels hommes et quels singuliers républicains! aux cris multipliés de *vive la république*, ils répondoient mercenairement *vive la convention!* autant faloit-il les entendre crier vive les restaurateurs! les filles! les tripots! et nos chapeaux bordés!

Je passerai sous silence les dangers que j'ai couru personnellement, et combien de fois j'ai pensé être pris.

Je sentois qu'une explication pouvoit tout sauver; j'écrivis donc au comité de salut public, et j'exprimai chaudement les sentimens des parisiens qui n'avoient pris les armes que dans la crainte d'être massacrés par les terroristes; je proposai de faire tout rentrer dans l'ordre, je demandai une réponse qui pût rassurer les habitans de Paris, je conjurai pour ainsi dire à genoux d'épargner le sang français; je désirois une entrevue, au risque d'être poignardé par les tueurs que j'ai souvent signalés, et qui entouroient le comité; peu m'importoit, hélas! il s'agissoit du salut d'un grand nombre.

Merlin de Douai (8), tu me traîtes de perfide

(8) Merlin, comme tous les hommes j'ai bien des défauts; mais je t'assure que la perfidie m'est étrangère; pourquoi insultes-tu au malheur? est-ce parce qu'au lieu d'intriguer avec les moyens que me fournissoit mon emploi, j'ai envoyé au comité dont tu étoit membre, ma démission et mon opinion? est-ce parce que je suis le seul officier qui ait sacrifié sa cuisine et sa broderie aux principes? — Va, va Merlin on n'est pas perfide lorsqu'on a toujours devant les yeux les milliers de prisons où gémissoit l'innocence; les flammes de la Vendée; les tribunaux à la Fouquier, les charretées de victimes, et les six cents échafauds aux pieds desquels venoit danser un peuple de cannibales; les pièces qui étoient annexées à ma démission, ont dû te prouver que s'il eût existé beaucoup de perfides comme moi, bien des français vi-

dans ton perfide rapport; eh bien! je te somme de faire imprimer ma lettre! tu t'en garderas bien, car elle condamne vos intentions hostiles, et malgré vos triomphes, vous êtes tout couvert d'opprobre et d'infamie.

Au reçu de ma dépêche, les comités étoient aux abois, et sur le point de capituler; ils traitèrent fort civilement le porteur de ma lettre qui m'apprit que leur anxiété étoit extrême; ils sentoient bien qu'il n'y avoit qu'une bataille qui pût remonter le ressort révolutionnaire, et sanctionner le doux décret de réélection; d'un autre côté l'incertitude, du succès les faisoit trembler; plus de 200,000 citoyens étoient sous les armes, et tous animés du même esprit; ils prirent donc le parti d'enchaîner leur courage, et les moyens que nous pouvions développer en cas d'attaque.

Accipe nunc danaum insidias, et crimine ab uno, disce omnes.

On fut une heure à me répondre; enfin on me fit dire par le jeune homme plein d'honneur que j'avois envoyé, « que les repré-

---

vroient encore; les perfides sont ceux qui les ont tué — sans le courant . . . ! ! ! Merlin, *in quo potes me dicere ingratum ? an de interitu reipublicæ queri non debui, ne in te ingratus viderer ?*

» sentans du peuple désiroient sincérement le » rétablissement de l'ordre, qu'on alloit en» voyer des députés porter des paroles de » paix, et rassurer les citoyens, qu'on con» noissoit mes sentimens, qu'on n'avoit pas dû « me répondre officiellement ; mais qu'on » s'en rapportoit aux bonnes intentions que » je témoignois, et que tout alloit être oublié » et appaisé, si les citoyens rentroient pai» siblement chez eux. » (Voir le rapport de Merlin.)

Ivre de joie, je courus rendre ces paroles à plusieurs bataillons; je criai de toutes mes forces et de tout mon cœur, *vive la paix! point de guerre civile!* J'imposai silence à ceux qui ne parloient que d'attaquer et qui, comme de raison, furent les premiers à fuir; je déclarai que d'après la réponse que venoit de me faire le gouvernement, nous ne devions prendre aucunes dispositions offensives ou défensives, et que dans une affaire à laquelle tenoit le sort de la France, nous ne devions nous donner aucun tort.

Alors j'invitai quelques chefs à reconduire leurs troupes dans les sections, et je m'occupois à faire prendre toutes les directions respectives, pour une retraite générale, lorsqu'on vint me dire qu'on me demandoit au

Pont-neuf, j'y courus, et j'en revins sur-le-champ ; en entrant dans la rue Saint-Honoré, je vis tirer de loin du côté de la rue de l'Echelle et de Saint-Roch. Je me portai rapidement au cul-de-sac Dauphin, à travers les postes de la convention (9) ; je m'informe par-tout ; on me crie universellement que des gens cachés venoient de faire feu par les fenêtres sur le poste de Saint-Roch ;

---

(9) Pendant ce tems, un partisan de l'attaque me dénonçoit à la section Lepelletier, comme trop pacifique ; le pauvre garçon étoit loin de calculer aussi bien que moi. — J'étois fort embarrassé des gens appostés qui, pour ne pas me laisser respirer, m'assommoient de plans, de rapports ; tout le monde crioit, et personne n'obéissoit ; cela étoit préparé d'avance, et les comités avoient dans leurs manches beaucoup d'officiers de la garde nationale et de braillards de sections payés ; ils entretenoient le désordre et la défiance, et trompoient lâchement leurs concitoyens qu'ils avoient excités à prendre les armes au milieu de ce conflit d'horreurs ; mes intentions étoient pures, et j'étois en butte aux scélérats des deux partis ; la convention me proscrivoit comme rebelle et conspirateur, et la sèction Lepelletier arrêtoit qu'on me brûleroit la cervelle comme traître et pusillanime. . . Quelle leçon pour moi, si j'en reviens ! Voilà la récompense de la perte de mon état, et de tout ce que je possédois ! ! ! le plus fameux général du monde eût, je crois, été tout aussi embarrassé que moi.

je fis des efforts inutiles pour arrêter le mal ; ce fut en vain, il n'étoit plus tems, le canon avoit tué des victimes.

Osez donc dire que nous avons commencé, habiles Sinon ! mais quand cela seroit, n'est-il pas probable, ou plutôt n'est-il pas démontré, que vous aviez dans vos rangs une multitude de vos affidés, de jacobins, de scélérats de toutes les couleurs ? on reconnoissoit des terroristes désarmés, des agens du brigandage ; pour moi, entre autres personnages, j'apperçus un dévastateur des églises de Bretagne, nommé *Lebeau*, agent du député Lavallée, convaincu de vol d'argenterie, par la convention elle-même.

Le désordre se mit dans les bataillons qui, prêts à se retirer, ne s'attendoient pas à une attaque ; on résista quelques tems à la mitraille, mais il fallut se replier ; j'étois précisément au milieu de la rue, et j'examinois tout avec le plus grand sang-froid ; je vis plusieurs citoyens faire des prodiges de courage ; quelques-uns furent tués en se précipitant sur des canons.

D'une nombreuse escorte de cavaliers, deux seulement ne me quittèrent pas ; un âgé de 20 ans fut blessé à l'épaule, et nous montâmes les derniers les marches de Saint-

Roch, à cheval, et au milieu d'une grèle de coups. C'est à cette occasion que ce drôle de Réal dit : « Ce grand général se sauva au grand galop. M. l'historiographe ignore que le plus habile écuyer ne pouvoit galoper sur un escalier.

On se retira sur mille points à la fois, et en criant à la trahison ; l'artillerie balayoit les rues ; en un instant tout fut perdu et désespéré, plus d'ensemble, plus de confiance ; les nombreux jacobins et autres salariés semoient l'épouvante.

D'un autre côté, les sections fidèles à la convention étoient à leur poste, et pouvoient d'une minute à l'autre se battre contre leurs concitoyens ; il ne falloit qu'une étincelle... et tout étoit combiné pour cela.

Je cours à la rue des Saints-Pères avec une colonne ; en y arrivant, un chef de bataillon m'aborde et m'annonce que les citoyens de sa section sont décidés à ne point attaquer. J'observe qu'il n'y a que deux partis à prendre, savoir mourir ou se retirer ; ma position étoit affreuse : en ce moment le canon ronfle, plusieurs citoyens tombent ; on veut riposter, et notre feu renverse un de mes camarades qui s'étoit porté un peu en avant ; son cheval tué lui roule sur le corps, les coups de canon redoublent, les nouveaux Charles IX avoient fait braquer des pièces à tous les guichets du Louvre, en sorte que le feu des batteries traversoit la rivière, et des pièces braquées sur le haut du pont Royal, enfiloient le quai des Théatins.

Que pouvoient des citoyens sans munitions, sans pain ? que pouvoient des pères de famille contre l'élite de l'armée excitée depuis long-tems contre nous ? que faire enfin contre des dipositions aussi atroces ? tous les cœurs étoient glacés ; l'horrible confusion et la nuit faisoient fuir tout le monde.

Le courage devenoit inutile ; je vis bien que le crime l'emporteroit à coups de canon sur les principes et les droits des citoyens, qui jettoient les hauts cris en demandant du pain et des cartouches ; tout le monde se retiroit en frémissant ; je rentrai chez moi, le cœur navré, mais la conscience pure, et je partis de Paris le lendemain en plein midi.

Je me dispenserai de parler de ces gens qui firent courir le bruit que j'étois un traître, et qui arrêtoient gravement à la section qu'on iroit me brûler la cervelle ; c'étoit, d'un côté, des coquins à gages, et de l'autre, des gens crédules, qui ont tant connu d'hommes sans foi, ni loi, et d'une dépravation désespérée, qu'il leur étoit bien permis de douter de celui qu'ils n'ont vu que quelques momens ; en effet, je fus nommé général à dix heures du matin, et complettement battu à cinq heures du soir.

Au reste, la consternation générale ne me permettoit plus de reparoître ; je ne pouvois servir à rien, et je déclarai hautement que je me retirois indigné de ce que les parisiens étoient faits pour être dupes, et disposés à sacrifier celui qui se dévouoit à leur cause. En pareil cas, l'homme libre et énergique doit éviter le supplice sans le redouter ; une faction s'anéantit, et l'amour de la patrie lui reste.

La manière dont j'ai échappé à tous les pièges et aux accidens, est incroyable, quoiqu'en disent les Tallien, les Chénier, les Louvet, Legendre et autres esprits forts. Il y a un Dieu pour les gens de bonne foi ; pour moi, je le prie et le remercie tous les jours, et de bien bon cœur ; il me réserve sans doute, après tant de maux, à une meilleure destinée.

Pro patria sit dulce mori, licet atque decorum, vivere pro patria dulcius esse puto.

Merlin de Douai ! ne viens plus nous dire

que 25 à 30,000 révoltés assiégeoient la convention nationale, et n'ajoutes pas ironiquement *que leur distribution savante décéloit des chefs exercés et instruits.* Si j'étois orgueilleux, je diminuerois le nombre que tu accordes; mais comme je ne rougis pas de ma défaite, je te donne un démenti à la face de toute la France; apprends donc, enchanteur Merlin, qu'excepté tes quatre sections fidèles et les terroristes réarmés, tout Paris étoit sous les armes et indigné contre vous; apprends que si le sang et le carnage eussent été mes élémens, comme ils sont les vôtres, il dépendoit de moi de faire perdre la vie à 100,000 parisiens; il te sied bien de nous plaisanter, lorsque toi et tes complices avez feint de vouloir la paix, pour nous empêcher de nous défendre!

Certes, j'ai commis un grand crime, c'est d'avoir cru à votre sincérité; eh quoi! Merlin, si j'eusse été ambitieux et cruel, ne pouvois-je pas profiter de la confiance générale qu'on avoit en moi, et exaspérer les citoyens au lieu de porter par-tout le calme et le désir de la paix?

Falloit-il avoir les talens d'un Catinat ou de Vachot, d'un Villars ou de Carteau (10),

---

(10) Vesu, Vachot, Carteau, triumvirat de héros

d'un Turenne ou de Vesu, pour loger 600 hommes dans chaque maison, et exterminer vos soldats par les fenêtres ; ne pouvois-je pas tout faire barricader et porter les habitans de Paris aux plus cruels excès du désespoir ? oui sans doute ; mais mon cœur me dit que j'ai bien mérité de la patrie en ne le faisant pas ; je n'eus jamais l'énergie du crime, et je compte le sang des hommes pour quelque chose ; j'ai cependant prouvé dans quelques occasions que je ne manque pas plus de zèle que mon grand vainqueur, le ci-devant vicomte de Barras, dont le grand rapport est aussi ridicule que jactancier. Cet homme prouve d'une

---

révolutionnaires et conventionnels. — Le peintre Carteau n'a jamais cessé de mettre au bas de ses lettres, *général sans-culotte* (j'en ai une datée de germinal dernier); on n'est ni plus ignorant, ni plus fanfaron que le peintre Carteau ; il avoit pour aide de camp un monstre nommé Amand, le plus atroce et le plus perfide mouton du Luxembourg, il faisoit des listes. — Vesu a été arrêté conduisant des fusils à la fidèle section des Aveugles ; je ne l'ai vu qu'un instant, et si ce célèbre général sait lire, je suis bien trompé ; mais, comme disoit Bouchotte, on n'a pas besoin de cela pour être un bon général ssns-culotte. — Aussi son ami Rossignol, après avoir promis à la barre de purger la Vendée, a-t-il complettement réussi à faire exterminer 100,000 hommes, de part et d'autre.

manière évidente, que les réputations sont des loteries, et qu'un soi-disant héros n'est souvent qu'un enfonceur de portes ouvertes.

Mon but unique étoit de faire rentrer toutes les sections, et de vous livrer à la contemplation de vos sinistres préparatifs; cette prudence vous perdoit, et vous l'avez tellement prévu, que vous jouâtes une mauvaise comédie de sentimens, en même tems que des gens apostés par vous devoient entamer le carnage; j'ai fait mon devoir comme français, et comme partisan de la liberté (11) et sur-tout de l'humanité.

---

(11) Depuis la grande victoire, tous les décrets rendus l'ont été en faveur des hommes qui ont pillé, dénoncé et égorgé; s'il restoit des doutes à quelques imbécilles sur les véritables intentions des meneurs, je les reporterois à la fameuse séance du comité général. Là le crime s'est montré bêtement et à nud; les conjurés ont accusé sans méthode, ils se sont accrochés à toutes les branches de la calomnie; ceux qu'on accusoit ont manqué de courage, ils en seront punis.

Le sort des pauvres humains tient à bien peu de chose en ce bas monde!... Si nos modernes Pompadours, mesdames Louvet, Cabarus; si les mignones de Barras ou Legendre, eussent eu par hasard un peu de dévotion, les amans de ces belles n'eussent point fait réincarcérer et rédéporter nos prêtres; ce

Traînez donc seuls le lourd fardeau de vos iniquités, respirez avec délice l'exhalaison du sang que vous avez versé, et continuez de rétablir la terreur et l'anarchie.

Vous m'avez fait condamner à mort, et moi je vous condamne à vivre, et à entendre ici la vérité dite par un homme libre.

Je vous accuse solemnellement, et à la face de Dieu et des nations, d'avoir mille fois provoqué le massacre des citoyens les uns contre les autres, et d'avoir été depuis trois ans les bourreaux d'une patrie que vous avez ruinée de fond comble : le Rhône et la Loire en disent plus que moi.

Je vous accuse, d'être la plupart notoirement indignes du poste que vous occupez malgré nous, et où vous n'êtes appellés que par la force des baïonnettes.

Je vous accuse d'avoir vomi dans toutes les parties de la France des monstres tellement féroces, que l'enfer déchaîné contre la nation, n'eût pu en envoyer sur la terre de semblables.

---

qui ne manquera pas de faire couler encore bien du sang ; car beaucoup de français sont bons catholiques, en dépit des grands hommes qui, comme le médecin malgré lui, ont changé tout cela, et placé le cœur à droite ! ! !

Je vous accuse d'avoir été pendant dix-huit mois les plats courtisans et les complices de Robespierre, et de ne l'avoir renversé que pour votre propre salut.

Je vous accuse d'avoir dressé des autels, et décrété des fêtes à Chalier, Marat, et d'avoir fait donner la mort à ceux qui, comme vous, n'adoroient pas ces lâches coquins.

Je vous accuse d'avoir tressailli d'une joie féroce au récit des noyades de Carrier, des mitraillades de Collot, et des incendies qui dévoroient la France, et d'en avoir demandé comme des furieux la mention honorable et l'insertion au bulletin.

Je vous accuse d'avoir, au mépris des loix divines et humaines, fait incarcérer et assassiner plusieurs de vos collegues, sous le vain prétexte de fédéralisme et de conspiration contre l'indivisibilité, tandis que plusieurs d'entre vous, martyrisoient en tous lieux la république, au nom de la république.

Je vous accuse d'avoir, par tous les moyens possibles, démoralisé le peuple français, en appellant liberté la révolte générale des passions contre la raison, et des vices contre la vertu.

Je vous accuse d'avoir prêché et fait propager l'infâme athéisme.

Je vous accuse d'avoir, à l'aide de votre barbare et stupide philosophie, enfanté tous les maux qu'une partie de la France ignore; je suis loin d'être cagot; mais les masses de bretons que j'ai vu fusiller sur leurs cimetières où ils prioient, parce que leurs églises avoient été révolutionnées, m'ont fait adorer celui qui donne la force de supporter tant de persécutions.

Je vous accuse d'avoir violé à coups de canon les loix démocratiques et le droit des gens, en nous privant de la faculté sacrée et inaliénable de nommer nous-mêmes nos représentans; la convention ayant l'impudence de se former en corps électoral, est une monstruosité politique, et un acte de despotisme, dont l'histoire n'offre pas d'exemple.

Je vous accuse d'avoir insulté à la majesté et à la loyauté du peuple français, en l'accoutumant au parjure et à une funeste versatilité; plusieurs d'entre vous ont dit vingt fois à la tribune que si on laissoit la liberté des élections, bientôt nous ferions succéder la royauté à la république..... Concluez vous-mêmes.....

Je vous accuse d'avoir prouvé par ces aveux niais et multipliés, que vous violentiez l'opinion générale, en nous républicanisant.

Je

Je vous accuse d'avoir, par vos décrets des 5 et 13 fructidor, aliéné le petit nombre de républicains vrais et vertueux; s'il en existe quelques-uns, vous devez leur être plus odieux qu'un roi; car un roi ne fait pas tout ce qu'il veut; quant à vous, rien ne vous arrête, et vous savez au besoin arrondir ou allonger des pouvoirs qui ne vous appartiennent pas.

Je vous accuse formellement d'avoir éternisé la guerre de la Vendée, que je connois mieux que vous, et d'avoir adopté en masse et frénétiquement les mesures barbares qui nous dégradent aux yeux de l'univers (12).

---

(12) En octobre 1793, d'après les décrets de la convention nationale, on incendia toute la Vendée, on n'épargna pas même les communes patriotes; chaque colonne portoit devant elle le fer et le feu, à l'aide desquels on détruisoit sans distinction d'âge et de sexe; on enveloppa un immense population qui fuyoit devant nous pour échapper aux flammes, et qui fut se réunir à l'armée catholique, forcée de passer la Loire à S. Florent; figurez-vous, gens sensibles, plus de cent mille français, hommes, femmes, vieillards et enfans, voyant brûler à vingt lieues à la ronde, leurs chaumières et leurs maisons, et n'ayant que peu de momens pour se soustraire à une mort certaine... Eh bien! ce que nos généraux et nos augustes représentans n'eurent jamais la bonne foi d'avouer,

Je vous accuse d'avoir étendu ce fléau sur une surface de plus de quatre mille lieues quarrées d'un pays livré depuis deux ans au carnage, à la dévastation et à un pillage continuel, sans que ni vous, ni vos généraux, ni vos pacificateurs aient pu y remédier, tant il est vrai, qu'il est plus facile de faire de grandes conquêtes chez l'étranger et de ruiner la France en hommes, en bled, en chevaux et en tout, que de maintenir un département dans l'ordre et convertir de malheureux paysans (13).

---

c'est que sur le point même où les vendéens s'embarquoient pour fuir leur patrie, ils donnèrent la vie et la liberté à cinq ou six mille de nos soldats prisonniers depuis quatre mois dans l'abbaye de S. Florent. Ce fut à l'humanité de Bonchamps, qui mourut le lendemain de ses blessures, ainsi qu'aux sollicitations de son épouse, que nos soldats durent leur salut... Ce qu'il y a de singulier, c'est que toute l'armée sait cela comme moi, et que personne n'a eu le courage de révéler ce trait d'humanité qui est sublime.

Si l'armée catholique eût voulu user de représailles, elle pouvoit brûler depuis Varades jusqu'à Granville; elle est restée onze jours à Laval sans être inquiétée par nos généraux. — Voilà ce que pouvoit produire le décret de la convention.

(13) La conduite de nos troupes fait frissonner d'horreur; on n'ose pas dire cela, et lorsque des paysans vont se plaindre, les généraux répondent

Je vous accuse de nous en avoir toujours imposé sur la véritable situation de la France,

---

que les républicains sont incapables de piller ; cependant je possède mille procès-verbaux qui prouvent que dans les départemens de l'Ouest, le patriote, le chouan, le modéré, sont pillés indifféremment ; je jure à tous les français que c'est la principale cause de l'existence des chouans ; on a volé et saccagé leurs églises, on a pris leur argent, leurs assignats, leurs bestiaux : les coliers, les écus, les jupons, les chemises, les cochons, les canards, le cidre, tout cela est traité de chouans ou de royalistes ; en général l'espèce d'officiers est incapable de réprimer ; quelques-uns partagent : à Locminé je fis procéder à une visite de sac, devant le général Hoche et le représentant Brue ; les soldats jettèrent derrière la ligne de bataille, un bagage de nippes et de brigandages de tous les genres ; avant de partir, ce bataillon en tournée, je l'avois harangué, menacé et conjuré au nom de l'honneur et de la patrie.... Brue, cela est-il vrai ? Les troupes venues de Hollande en Bretagne ont commis tous les crimes sur les lieux de passage, et dans les environs de Rouen ; on a fait griller les pieds d'un malheureux pour savoir où étoit son argent. — J'ai envoyé 40 procès-verbaux à l'état-major et à l'ille ; ce sont ces mêmes troupes qui vouloient tuer les muscadins de Rouen, et qui tiroient leurs sabres sur les cadenettes ; je les en ai vigoureusement empêché ; mais elles s'en sont dédommagées à Caen et à Nantes, où les généraux les ont applaudis. — Je ne connois rien de plus plat et de plus horrible que cela.

et je déclare ici que jamais le gouvernement ne s'est douté des causes et des effets de la douloureuse guerre de l'Ouest ; ce que je dis avec d'autant plus de raison, que sous Robespierre, je tenois le même langage, et que, comme à présent, on ne m'écoutoit pas.

Je vous accuse d'avoir crié mille fois, *vivre libre, ou mourir*, lorsque vous étiez courbés sous l'oppression la plus insultante et la plus malheureuse pour vos commettans : les procès d'une bande de tigres et de vandales, qui, d'après votre aveu, vous comprimoient, sont mes preuves et vos actes d'accusation.

Je vous accuse d'avoir jetté vos chapeaux en l'air, en criant : *Plus de jacobins, plus de terreur*, tandis que vous venez lâchement de laisser triompher les uns et rétablir l'autre ; et en cela vous êtes d'autant plus criminels, que vous méprisez les meneurs dont la perversité vous est connue ; mais hélas ! trois ou quatre vauriens ont toujours eu l'honneur de vous faire ce qu'ils vouloient ; toute la France sait cela, et vous êtes forcés d'en convenir.

Je vous accuse d'avoir travaillé sans relâche et plus efficacement que tous les royalistes de la terre, à rendre la république odieuse et insupportable à la majorité du peuple français, et ce par la raison que les Néron, les Tibère, les Louis XI, les Charles IX, contre lesquels vous avez débité tant de lieux communs, sont vos inférieurs en fait de démence, de sottises et sur-tout de cruautés.

Je pourrois vous accuser jusqu'au jugement dernier; mais à quoi bon, et qu'en résulteroit-il? Rien. Tout ce que j'avance est tellement démontré, que vous ne pouvez en nier une virgule, c'est l'opinion générale; et la terreur que vous avez imprimée peut bien empêcher les citoyens de dire ce qu'ils pensent; mais moi qui ne vous crains pas, je pense fermement ce que je vous dis.

Le peuple français d'abord enthousiasmé, puis trompé, puis exténué par la famine et tous les malheurs ensemble, est bien loin de reprendre son antique énergie; au nom de ce que vous appellez insolemment *liberté*, vous venez de le réduire en *servitude*.

Traités comme rebelles, dispersés par la force, que pouvons-nous, et que deviendrons-nous? Bientôt notre industrie sera stérile, nos arts disparoîtront, et il ne nous restera d'autre consolation que de ramper ou de fuir.

Etiez - vous donc envoyés pour anéantir ainsi la première et la meilleure nation du monde?

Je vous condamne à lire tous les jours les prédictions de Vergniaud ; il avoit bien raison de vous dire que dans peu vous régneriez sur des cadavres et des ossemens contemplez les monceaux de cendres épars aux quatre coins de votre république , arrêtez-vous sur les tombeaux que vous avez comblés , regardez-vous en face, et lisez dans les yeux les uns des autres , les malédictions de toute la nature.

C'étoit sans doute pour insulter à cette république , que derniérement vous décrétiez une fête funèbre en l'honneur des vingt-deux victimes de vos fureurs; en voyant leurs assassins porter des crèpes au bras , je me figurois Samson prenant le grand deuil pour tous les infortunés dont vous lui avez fait couper les têtes.

A qui doit-on l'existence des compagnies de Jésus et du Soleil ? à vous ! à vous ! qui protégiez ouvertement les nombreux complices de Robespierre : sans doute , un assassin est un être exécrable ; mais vous n'en êtes pas moins coupables d'avoir refusé justice aux opprimés , et vous les avez réduits à l'affreuse nécessité de se la faire eux-mêmes.

Tirez - vous du raisonnement suivant comme vous pourrez.

Ou la convention nationale en a imposé à toute la France, ou les bandes de voleurs, de terroristes et d'assassins, contre lesquels elle a clabaudé jadis, ont réellement existé. Ce qui le prouve, c'est qu'un décret les a fait désarmer et incarcérer.

Ces monstres ont-ils été livrés aux tribunaux? Non. — Pourquoi? — C'est que les factieux de la convention ont vu un peu trop tard qu'ils se faisoient à eux-mêmes leurs procès. — Ces misérables sont donc impunis? — Oui. — Et on les nomme des *patriotes de* 89? — Oui. — Et la convention les a appelés près d'elle le 13 vendémiaire? — Oui. — Et pourquoi, s'il vous plaît? — Parce que, selon le proverbe, *qui se ressemble s'assemble.*

Les vérités que je vous débite vous paroîtront peut-être un peu trop fortes; elles sont crues, j'en conviens, et je vous entends déjà crier contre moi à la contre-révolution, *je suis un scélérat, un royaliste :* dites à vos limiers de redoubler de vigilance, et faites-moi prendre, à quelque prix que ce soit; comme disoit Tigellin Barère, *il n'y a que les morts qui ne reviennent pas*, et si je n'avois plus de tête je ne pourrois pas démasquer les brigands que j'ai vu opérer. Ah! qu'ils frémissent les auteurs de nos maux! j'en tiens un grand nombre sur la selette, et fussai-je réduit à me sauver jusques dans les terres Antarctiques, je n'en ferai pas moins passer le signalement en France.

Pour les peindre, je n'ai pas recours aux fictions, il s'en faut bien même que je puisse écrire tout ce que je sais; eh! bon Dieu! qu'ils en apprendoient d'autres, si de nombreux Asmodés les transportoient sur le haut des maisons, et en soulevoient officieusement les toits; c'est-là que, comme des diables boiteux, ils entendroient tout à leur aise le bien qu'on ne cesse de dire sur leur compte, et les singuliers vœux qu'on fait pour leur conservation.

Vous savez bien, mes bons amis, qu'on ne se gêne pas dans l'intimité du ménage, et surtout lorsqu'on n'a pas à souper chez soi un mouchard du comité de sûreté générale: comme nos éternels connoîtroient l'esprit public! ce petit expédient les convaincroit que je suis un écho modeste, et que j'ai la bonté de supprimer les trois quarts de ce que j'entends de tous cotés; oh, pour le coup! nos écouteurs ne viendroient pas communiquer à l'assemblée leurs observations, et les petits colloques des riches ou des pauvres, ne seroient point insérés dans les rapports......... mais où vais-je m'aviser de faire des plaisanteries dans une matière aussi sérieuse ! . . songeons sans cesse à la situation de notre malheureuse patrie !.. Quel sera donc le terme de nos maux ? tant de sang répandu, tant de bien consumé, tant de travaux soufferts pour obtenir la liberté, n'ont servi qu'à faire naître des légions de tyrans ; je me dispense de peindre l'insupportable despotisme sous lequel nous vivons : on nous a forgé des chaînes avec les monceaux d'or et d'argent, pillés de toute part, et dont on ne nous rendra aucun compte ; l'armée qu'on va repeupler de sans-culottes, sera entièrement à la dévotion de nos maîtres, et nous ferons tout ce qu'ils voudront (14).

---

(14) Le 11 vendémiaire, je vis au café Zoppi un général de brigade qu'on reconnoîtra sans que je le nomme, car j'ai déjà parlé de lui ; il a joué un grand rôle à toutes les époques sanglantes ; il étoit intime de Danton, Marat et autres ; dans la nuit du 12 au 13, il rioit sardoniquement dans une embrâsure du comité, et injurioit ceux qui ont eu le courage de reprocher au gouvernement le réarmement des égorgeurs ; il disoit, en parlant d'un agent : S'il n'est pas content de cette somme, donnez-lui le double ; en un mot, il étoit l'âme damnée des meneurs ; je tiens cela d'un témoin jeune, candide et disgrâcié. . . . . . Eh bien ! voilà ce que le même personnage me disoit le 11, en prenant une glace avec moi : « Ma foi, dans » ceci je ne me mêle de rien. Je m'amuse à faire des

Pauvres républicains que nous sommes! il ne nous reste seulement pas la faculté de pleurer notre liberté; si nous sourcillons, on nous prendra pour des royalistes, et nous perdrons tout-à-la-fois nos biens, la vie, et notre patrie.

» vers pour ma femme; au reste, tu es un fou d'a- » voir protesté contre le décret, et donné ta démis- » sion; car la convention et les sections sont bonnes » à mettre dans un sac, et à jetter par dessus les » ponts; et tu verras que les baïonnettes finiront par » gouverner. » — J'étudiois soigneusement le jeu de sa physionomie; il affectoit un air de distraction qui ne m'échappoit pas. L'ensemble de sa figure est atroce. Il articula avec le ton sincère, *le gouvernement des baïonnettes*. Remarquez qu'à toutes les époques, il a été général de comité ou révolutionnaire; car il n'a jamais servi, et est incapable de commander une escouade; il est depuis long-tems inséparable de Barras, et vient d'être envoyé à Marseille avec Pylade Fréron; il a révolutionné Bordeaux, en société avec Tallien. — Voyez son portrait dans les mémoires d'un détenu, par le citoyen Riouf. — Il fut accusé le 10 frimaire deuxième année en pleine convention, de s'être approprié une quantité de chevaux à Bordeaux; pour moi, j'affirme qu'il a pris révolutionnairement ceux du citoyen Legris, meilleur patriote que lui. — Mes amis, pensez-y bien *au gouvernement des baïonnettes*. Le 15 vendémiaire il vint chez moi avec quatre dragons; mais je venois de partir heureusement pour lui ou pour moi.

Courbez donc bien la tête, vous tous qui prenez la mesure de votre énergie sur l'ampleur de vos porte-feuilles, et qui réglez la hardiesse de vos idées sur des tas de sucre, de toile et d'indigo; spéculez acerbement sur les destins de la république, moquez-vous de tout, pourvu que le trafic aille son train; que vous importe en effet que le reste du monde creve de faim, et que votre cupidité constitue votre esclavage? mais n'en doutez pas, rien de ce monde ne reste impuni; et les vampires, les lâches, les égoïstes, seront dépouilllés tôt ou tard par les anarchistes qu'ils ont laissés dominer.

Quant à moi, plus pauvre que Job, absolument sans pain, ce que j'ai de plus cher au monde, en fuite ou arrêté, mon pauvre butin au pillage, condamné à mort; je suis bien plus hèureux que vous, parce que j'ai fait tout ce qui dépendoit de moi pour m'opposer aux tyrans qui nous oppriment, et je sens que je suis un homme libre dans la véritable acception du mot.

Il convient ici de donner quelques détails sur le personnel de nos nouveaux souverains, il faut bien que le bon peuple connoisse les gens auxquels il a l'honneur d'obéir. En général tout le monde s'accorde à dire que leurs habits ne sont pas faits pour leurs figures, ou que leurs figures ne cadrent pas avec leurs habits.

Le citoyen Reubell, président de la pentarchie, homme excessivement brusque, entêté et despote. On l'accuse de s'être enrichi à Mayence; cela peut être; au demeurant, il fut fortement jacobin; *de bâtonnier d'avocats d'Alsace, il est devenu timonier de France*, et son autorité n'est pas médiocre : supposons pour un moment le bon roi Louis XVI demandant au corps législatif trois milliards pour commencer, puis vingt millions en numéraire, puis des tas de millions pour ses ministres, puis 600 millions d'emprunt forcé, puis les bijoux des condamnés, puis les forêts, châteaux, domaines, etc.... je m'arrête.

Le citoyen la Réveillere - Lépaux, propriétaire d'Angers, monté sur le trône, on ne sait pourquoi, ni comment. Ce citoyen est d'une foible trempe, et a la physionomie froide et livide. Je suis assuré qu'il s'ennuie déja de ses grandeurs, et qu'il se repent de s'être engouffré dans l'intrigue et la mauvaise foi. Voici la preuve qu'il est le moins révolutionnaire des cinq : Après la glorieuse victoire de vendémiaire, les conjurés occupés d'un vaste plan de tyrannie, se formèrent en comité général, là ils accusèrent *ab hoc et ab hac*, employèrent tous les moyens pour épouvanter; en ce moment *la Réveillère* montra quelque vergogne, et accusa lui-même un député montaguard, d'avoir dans la Vendée fait éventrer une femme, qu'il avoit dépouillée et violée; il menaça de *nommer* ce monstre, et finit sa période en disant: *qu'il y avoit dans l'assemblée des gens couverts de crimes:* on lui a fermé la bouche avec le directoriat. .... Voyez la séance du comité général de la convention.

Le citoyen Carnot. Ce n'étoit que pour la forme qu'il fraternisoit avec Robespierre, Couthon, S. Just, et autres; et *son tendre cœur* ne participoit nullement aux opérations *de sa tête.* De mince officier de génie, il est devenu l'émule des Condé et des Turenne, on l'appelloit au comité *d'assassins publics*, la terreur des autrichiens; pour moi je l'appelle la terreur des français, qu'il a fait guillotiner en masse.

Lors de la chute de Barère, Fréron se mit aux trousses de Carnot; alors il devint jaune..... mais jaune comme du saffran. Il rappetissoit ses yeux, courboit le dos, le sourire de la peur étoit peint sur ses lèvres; il faisoit vraiment pitié, et si les honnêtes gens eussent continué de comprimer les buveurs de sang, c'en étoit fait de lui, il seroit mort subitement.... Je prie le victorieux *Carnot*, de nous faire dresser un état approximatif de tous les pauvres français morts depuis quatre ans au service des *factieux* de tous les genres.

Le citoyen Letourneur de la Manche est un homme tellement nul, que je m'abstiendrai de parler de lui.

Le citoyen ex-vicomte de Barras.

Le premier qui fut roi fut un soldat heureux.

Ce vers convient merveilleusement au *Nouvel Alexandre*. Depuis long-tems le vainqueur de *Toulon évacué*, aspiroit à jouer un grand rôle ; ce républicain provençal étoit avant la révolution très-bon grec, (quoiqu'il n'entende ni Homère ni Lucien), on le voyoit beaucoup à l'*Hôtel d'Angleterre*, rendez-vous ordinaire d'une foule de chevaliers d'industrie. Lors de ses victoires dans le Midi, il écrivit au sénat, qu'en rentrant dans Toulon, il n'avoit trouvé que les *galériens qui fussent patriotes*; tout le monde sait que quant aux autres habitans de la ville, ils furent fusillés et guillotinés pas bande ; mais un fait plus extraordinaire, c'est que deux cents républicains s'étant avisés d'aller au devant de l'armée triomphante, pour la congratuler, ils furent impitoyablement hachés, et les soldats ornèrent leurs cocardes avec leurs oreilles; *cela est incroyable, mais pourtant cela est vrai.*

Réal, *tête de cochon*, ne cesse de préconiser son *maître* ; mais moi qui ne reçois pas d'appointemens pour mentir au public, je pense avec bien des infortunés, que le talent du *successeur des Bourbons*, est de savoir se porter au crime avec audace, voilà son énergie, et en révolution... *sic itur ad astra. Mais quelquefois ailleurs.*

Le pauvre peuple qui abhore les cinq sires, s'amuse à lâcher contre eux des brocards, et c'est sur-tout à la porte des boulangers qu'on entend des vérités réellement originales.

Ici une bavarde transie de froid, crie à tue-tête: *Pardine is-en ont tué un, pour se mettre cinq à sa place ; au moins l'autre ne nous laissoit pas crever de faim.—Ah! s'ils l'ont fait mourir, c'est q'vous l'avez benvoulu... Falloit vous entendre !... Qui moi? t'a menti, j'ai toujours aimé le roi, l'pauvre cher homme n'auroit pas fait tuer l'peuple, comme ste chienne de convention; est-ce lui qui a été cherché les fauxbourgs, lors qui sont venus au Carousel? — Et ces pauvres suises!... Ah queux beaux hommes qui z'ont massacrés! Q'veux-tu faire, ma bonne, on est d'zaveugles. — Quand donc que c'magasin d'sir à frotter nous bailleras des magasins d'farine? — Palle donc ma commere, tu gueulerois ben pu haut, si tu voyois nos 500, qui prennent des provisions de chandelles pour leux guenippes? est-ce quon ne leux donne pas du savon, du sucre?.... Pendant qu'une pauvre femme en couche n'peut pas seulement......* Ici le mitron lui coupe la parole, pour lui alonger sa pitance...........

Il n'y a rien de plus naïf et de plus déchirant que ces dialogues; c'est là que j'ai entendu faire l'éloge funèbre du meilleur et du plus infortuné des rois, que nos malheurs nous ont appris à connoître et à regretter.

Ce n'est plus le tems de dissimuler; la convention avoit bien raison de se fâcher, car la France regorge de royalistes; personne n'aime la république (excepté ses fondateurs), parce que la république n'est point du tout aimable;

mable; et le peuple qu'on peut égarer, mais auquel on ne sauroit enlever son bon sens, compare sans cesse sa situation actuelle, avec le bonheur et l'abondance dont il jouissoit jadis : il n'est plus dupe des promesses et des jongleries ; il distingue toutes les factions qui sont encore en présence, et s'attend à de nouvelles calamités.

Pour moi, je partage avec vingt millions de français, le désespoir d'être traîné de crime en crime, aux pieds de la plus dégoûtante anarchie. — Voilà notre royalisme ; et puisque nous avons su nous lasser du bien, à plus forte raison devons-nous être las de nos maux.

La convention a porté les choses à un tel dégré de bizârerie et d'impudence, qu'on ne peut s'empêcher de rire, en songeant à l'effronterie de quelques-uns de ses membres ; à ce Legendre, par exemple ; les mots *justice* et *humanité* sont sans cesse dans la bouche de ce sycophante, et en même tems qu'il me condamne à mourir pour m'être révolté contre lui, il propose et enlève d'emblée la rédéportation de Barère, ramené par décret pour être jugé ; le rusé Barère finit par s'échapper, et les crédules français sont encore trompés par le tueur d'hommes et de bœufs. —

Ce grand homme fit toujours de grands coups, il s'amusoit en 91, à ébaucher une république au champ de Mars, tandis qu'à l'assemblée nationale, on décrétoit la monarchie.

O Welches ! il faut que vos tyrans législateurs comptent bien sur votre frivolité, puisqu'ils ont osé accorder une absolution générale à leurs collègues, assassins reconnus, et dont ils affectoient jadis de demander la punition (15); tous ces monstres respirent,

---

(15) Collot, Billaud, Barère, Amar, Vadier, etc. etc. Laplanche moine, dénoncé comme voleur d'argenterie, assassin dans le Calvados, et par-tout où il a été, fou dans toute l'étendue du terme. — Carpentier a commis un million de crimes à S. Malo, a dégradé tous les bâtimens, a envoyé au tribunal révolutionnaire les vieillards et négocians les plus vertueux et les plus riches, a prêché hautement le pillage à la société populaire. — Thureau pendant quinze mois complice de Bourbotte dans la Vendée, qu'il appelloit la grande illumination, a fait brûler inutilement un fauxbourg de Saumur, où l'armée catholique qui étoit à vingt lieues, ne vint pas, et m'a donné à Laval en brumaire 2me. année, l'ordre de me défaire révolutionnairement des malades à l'hôpital, ledit ordre sollicité par un nommé Baléguier de Mayenne. — Son cousin qu'il a fait faire général en chef, a signé dix fois l'ordre d'égorger vieillards, femmes et enfans. — *Barras*, *Fréron*, en mission dans le Midi

ils sont couverts d'un large manteau d'impu-

---

avec Ricors, Sallicetti, Gaston. Tout le monde sait qu'ils ont voulu faire raser Marseille, qu'ils appelloient Commune sans nom ; ils ont fait fusiller et guillotiner abondamment. — Voyez la réponse de Granet à Fréron. Richard, Choudieu, Garnier de Xaintes, le Vasseur de la Sarthe, tous quatre dénonciateurs et assassins de Phélipeaux. *Jean-Bon-Saint-André.* Voyez la marine française, qu'il a perdu et deshonorée. — *Carnot* patelin consommé. Voyez son portrait dans l'orateur de Fréron ; il est impossible d'en dire davantage : maintenant Fréron est devenu son commissaire et son très-humble valet. Au reste, ce nouveau potentat, cet intime de Barère, a été membre de l'ancien comité de voleurs et d'assassins publics, et en cette qualité digne de mort. Les victoires qu'il organisoit, l'empêchoient de s'appercevoir qu'il signoit l'arrêt de mort de Camille et Philipeaux, etc. etc. etc. C'est bon à dire aux sots et aux égorgeurs. — *Prieur de la Marne,* fou perpetuellement dans l'ivresse, a perdu le Morbihan ; Brest l'a dénoncé inutilement... devant moi ; il a lors du siége d'Angers envoyé à la mort une quantité prodigieuse de pauvres femmes et de filles prises dans les fauxbourgs; après les avoir interrogées et s'être moqué d'elles, il les envoyoit, disoit-il, à l'hôpital, et on les fusilloit au bord de l'eau ; les soldats rioient en exécutant de tels ordres. *Francastel* son complice, en a fait noyer immensément. — A Savenay, Prieur a fait fusiller 1200 prisonniers qui avoient jetté bas les armes, on arrêta pour cela notre colonne. — Consulter toute l'armée, et un citoyen nité, quelques-uns même sont réinstallés dans leurs fonctions législatives, et montés au faîte des grandeurs, *ô altitudo !* les fléaux du peuple triomphent, et on veut me couper la tête, à moi, pauvre diable ; hélas ! je n'ai commis qu'une pécadille, en comparaison de ce qu'ont fait les prairialistes et les septembristes ; je suis dévoré de la soif de faire le bien, j'ai sauvé la vie à plus de deux cents de mes semblables, je ne rêve qu'amour et que tendresse, et on veut me tuer ! amis lecteurs, trouvez-vous que cela soit juste ?

Députés tout-puissans, arbitres de nos destinées, oubliez un instant votre majesté, et daignez regarder en arrière ; laissez la vie aux condamnés par contumace, en compen-

---

Carbon chef de brigade chargé de l'expédition. — A Noirmoutier on fit fusiller 1800 prisonniers de guerre; Thureau et Bourbotte étoient là.... je ne finirois pas si je disois tout ce que j'ai vu au Mans; on tua des milliers de femmes. — J'ai eu le bonheur de rendre à la vie une jeune personne de seize ans, elle avoit reçu les derniers soupirs de sa mère au milieu de sa route ; un brave homme a osé la cacher, et j'ai escamoté un arrêté au féroce Laignelot. Celui qui a refugié cette fille, est le vertueux Simon maître de poste à Melai, et chargé de famille. — Il y alloit de sa vie. Et j'ai vu tout cela, et je ne suis pas mort de douleur !.....

sation de toutes les morts que vous avez fait donner complaisamment, révolutionnairement, injustement, hydrauliquement, sans-culotiquement, incroyablement; rendez-moi à ma famille éplorée, que j'ai tirée des flammes et du carnage que vous aviez commandé.

Mais je sens que je m'abuse; j'en ai trop vu, j'en sais trop long, et j'en ai trop dit; eh bien! Legendre, je m'en moque, et je dors mieux que toi. Tu as beau faire le vigoureux, l'ombre de la jeune et intéressante Camille te poursuivra sans cesse, et t'accusera de lâcheté; vil trembleur! tu laisses croire à tout le monde que tu es un brave; et tu fus montrer à Robespierre lui-même, la lettre que cette femme courageuse t'écrivit, pour l'exciter à poignarder ce tyran... tu fais l'humain, mauvais boucher! et je te vois au 31 mai, presser la gorge du vertueux Lanjuinais; tu fais l'humain! et avec tes collègues Louchet et Lacroix, tu as été commettre des horreurs dans les départemens. — A Dieppe, où on te demandoit des subsistances, tu engageois le peuple à manger de la viande d'aristocrate. Je te défie de nier ce fait, puisque tu parlois à la société populaire, où heureusement on ne pensoit pas comme toi.

O ciel ! quelle nation que celle où on a pu faire tout cela impunément ! la postérité, loin de nous plaindre, dira que nous avons mérité ce que nous avons souffert et ce que nous souffrirons encore... Va te cacher, Legendre ; et si jamais tu prononces devant moi le mot *humanité*, je te ferme la bouche avec le sang caillé de tes victimes.

Pour toi, Tallien, qu'on accuse depuis si long-tems d'avoir fait septembriser, toi qui fis conduire ton collègue Biroteau au supplice, et qui l'insultas jusques sur l'échafaud, cesse, je te prie, de nous vanter ton 9 thermidor. Dieu sait que si dans ce beau jour tu parlas si empyriquement, ce fut pour sauver ta bonne et tendre amie Cabarus, et te soustraire toi-même au patriote de 89 Fouquier-Tinville ; *le crime fit la guerre au crime* ; quelques gens vertueux en profitèrent par hasard... Je dis donc de toi en te comparant à Robespierre que tu servis et que tu aimas jadis (16) : *Ille crucem pretium sceleris tu-*

(16) Tallien, tu étois au deux septembre 1792, greffier de la municipalité de Paris, et d'une commission des sept ou des neuf ; Tallien, tu vins à la barre de l'assemblée législative, faire l'apologie des massacres des prisons ; Tallien, tu as joué tous les rôles ; Tallien, tu es bienheureux que tes collègues

diadema... Ta renommée chancelle, et de grandes atrocités contre-balancent furieusement les services que les bonnes gens croient

---

ayent peur de toi ; Tallien, j'ai été ta dupe au 9 thermidor ; Tallien, tu es un monstre à étouffer entre quatre matelas ; et voici ce que tu écrivois, de Bordeaux, le 10 frimaire deuxième année : « La guillo-
» tine et de fortes amendes vont opérer le scrutin
» épuratoire du commerce, et exterminer les agio-
» teurs et les accapareurs ; l'argenterie arrive en
» abondance à la monnoie ; l'emprunt forcé va son
» train ! Bordeaux versera plus de 100,000,000 dans
» les coffres de la république. » Tu finis par faire l'éloge du scélérat Lacombe, président de la commission de bourreaux, lequel Lacombe fut guillotiné pour avoir reçu 100 louis d'un accusé. Tallien, voilà des faits, et on en dit et on en sait bien d'autres ; mais on est des lâches, et on mérite d'être gouverné par des gens de ton espèce. . . . Comment madame Cabarus peut-elle serrer dans ses bras un septembriseur ? cela me passe. Citoyens, voulez-vous savoir où étoient les principaux chefs des assassins de septembre ? à la commune et dans les bureaux de la mairie. Là étoient les administrateurs de police, faisant une circulaire pour les départemens, et distribuant les rôles aux marseillais et à la horde de brigands de Paris. . . . Jamais la France ne se lavera de tant de forfaits. Peuple léger ! tu devrois toujours avoir ce tableau effrayant devant les yeux, et penser que cela peut se renouveller ! Dieux ! ayez pitié de l'humanité.

que tu as rendus a la patrie, lorsque tu travaillois réellement pour ton compte, prends garde que le peuple qui cherche par-tout la république, ne vienne à s'appercevoir que la France n'en a que le nom, et que toi et les tiens nous font crever de misère et de faim.

Nos physionomies livides et mourantes semblent vous dire à tous les carrefours: « Eh! eh! » bon Dieu! miséricorde! citoyens représen- » tans! jusqu'à quand épuiserez-vous nos tré- » sors par des dépenses superflues? hélas! » toutes vos disputes, vos arrestations, vos » comités généraux, vos grandes découvertes » de grandes conspirations, n'augmentent pas » nos trois quarterons, et ne rétablissent pas » nos affaires; depuis tant de tems que vous » parlez de nous sauver, quel profit avons- » nous tiré de vos séances? où sont donc nos » finances, et l'innombrable argenterie des » églises, des monastères, des châteaux, des » maisons volées? . . . Rendez-nous nos bou- » cles, nos cuillers, nos fourchettes. Rendez- » nous nos écuelles d'argent, etc. C'est donc » pour rire que vous vous vantez d'avoir ré- » formé des abus? »

Que répondrez-vous à ce langage plein de naïveté? Des mots pompeux; nous en sommes las. Vous vanterez-vous d'être exclusivement républicains et patriotes? ni l'un ni l'autre, dira l'homme franc et brusque; plaisant patriotisme que celui qui nous mène droit à Bicêtre!

J'avoue que le mot *patriote* me donne des crispations; je le compare à des bouts rimés que chacun tourne à sa manière.

Celui-là est vraiment patriote qui en servant son pays, est étranger aux crimes que la révolution a fait naître, qui est digne en tout point du poste qu'il occupe, qui a la tête bien organisée, le cœur chaud et une vraie sensibilité.

Tels sont les solides amis de la liberté, ils n'écoutent pas les phrases banales, et veulent des faits.... Ces citoyens énergiques, au lieu de se laisser désarmer par Barras, eussent évité le déshonneur en se présentant, la constitution d'une main; et leur fusil chargé de l'autre, ... Voilà des républicains de la bonne trempe......... *Sed quid turma remi? sequitur fortunam ut semper, et odit damnatos.*

Parisiens! que sont devenus vos discours pleins de feu et de logique, vos actes de garantie, vos accolades fraternelles, vos arrêtés sages et réfléchis; de vôtre côté étoient les principes et la cause du peuple, et maintenant pas un de vous n'ose articuler les saints mots de *patrie* et *justice*. J'ai grand peur que la liberté ne soit pas digne de vous, ou que vous-mêmes soyez peu dignes d'elle; on vous a tant crié aux oreilles, que vous étiez des chouans et des rebelles, des royalistes et des conjurés, que plusieurs d'entre vous ont fini par le croire. Naguère, vous remplissiez les airs de vos cris sur le droit public; et maintenant bien des trembleurs appellent têtes exaltées ces généreux citoyens qui ne peuvent réprimer les mouvemens d'un cœur sensible et ulcéré. — A toutes les époques de la révolution, vous n'avez su que vous engouer follement; que de charlatans politiques ont eu le plaisir de tourner vos têtes légères!! on vous a vu oublier aussi lestement les actions utiles d'un bon et brave citoyen, que les crimes d'un Gargantua révolutionnaire. Votre indignation ou vos applaudissemens sont, en général, le fruit passager d'un vain caprice! Eh quoi! verrez-vous enfin d'après vos propres yeux, et oserez-vous penser d'après vous-même? Notre pays n'offre plus qu'un vaste commerce de foiblesse, de fausseté et de tromperie, où chacun parle pour ses intérêts et contre sa conscience.

Nation histrione, nous avons mis tour-à-tour à la mode, l'assassinat et l'humanité, la terreur et la justice, l'athéïsme et la vertu, le bonnet crasseux et le joli castor, l'élégance et le dégoûtant sans-culotisme.

Oh! peuple caméleon, puisque la mode est ton dieu favori, mets donc à la mode toutes les vertus, et sur-tout la constance!... et souviens-toi que l'audace et les crimes de tes tyrans, tiennent à ton défaut absolu de caractère et d'énergie.

Je dis franchement ce que j'ai sur le cœur, et en vous vengeant de l'imposture, je n'ai pas pris l'engagement de vous flagorner : si quelque chose peut vous excuser au sujet des derniers événemens, c'est le proverbe qui dit, *que contre la force il n'y a pas de résistance ;* et puisqu'on vous a signifié l'*ultima ratio regum*, je vous exhorte à la patience et à la résignation. Vous pouvez puiser des consolations jusques dans votre défaite, et je vais vous dire ponctuellement ce qui seroit arrivé si la convention s'étoit vue forcée de sortir de vos murs.

1°. Elle seroit allée à S. Cloud, ainsi que cela avoit été décidé d'avance, elle auroit emporté avec elle toutes les ressources, et surtout les subsistances.

2°. Vous n'aviez pas une once de pain, et le peuple affamé se seroit jetté sur les vainqueurs, auxquels il n'auroit pas manqué d'attribuer tous ses maux.

3°. Les troupes nombreuses du camp de S. Omer arrivoient le soir même du 13, et la convention désespérée, enragée, brûlant de vengeance, auroit envoyé sur-le-champ des colonnes incendier Paris, *n'en doutez pas.*

4°. Le général en chef, Aubert-Dubayet, depuis long-tems électrisé à Alençon par Tallien, auroit fondu sur vous avec son armée, *et en deux jours vous auroit mis à la raison ;* il l'a écrit, *et s'est offert ;* aussi a-t-il été fait *ministre de la guerre.*

5°. Cette convention se seroit retirée avec toute son artillerie et d'immenses provisions que le généralissime Barras avoit fait charger dans de grands bateaux; souvenez-vous que dans son rapport, il dit : « Qu'il s'étoit assuré une retraite d'où il pouvoit foudroyer les rebelles, c'est-à-dire, *vous.*

6°. Les tigres conventionnels, qui ne tâtonnent pas *en fait de mesures révolutionnaires*, eussent livré Paris à toutes les horreurs du pillage, du meurtre et de l'incendie; *les nombreux Damien, les Cartouche, les Mandrin, les Ravaillac, les Hion, les Réal, les brigands de six ans et non pas de* 89, qu'ils salarient depuis long-tems, eussent dirigé les colonnes: regardez *Lyon*, *Bédouin*, *Chollet*, *Châtillon*, *Bressuire*, *Montaigu*, *etc.* et souvenez-vous que brûler une grande ville, est pour ces monstres une jouissance inexprimable.

Ainsi donc, que ce soit de ma faute si vous avez été vaincus, qu'il soit vrai que j'étois ivre, traître et incapable de vous commander (ce qui n'est pas aisé), toujours est-il, que vous devez rendre grâce à la providence *de ce que force est demeurée à tyrannie*. Cet événement embarrasse vos maîtres beaucoup plus que vous ne pensez; le peuple mitraillé réfléchit sur la journée du dix août..... Pour secouer le joug qu'on vous a imposé, vous n'avez plus besoin de recourir à l'insurrection, et il est de toute nécessité que vos oppresseurs livrés à leur propre conduite, courent d'eux-mêmes à leur perte.

République! liberté! où diable vous cachez-vous donc? depuis que je vous cherche, je n'ai rencontré à vos places que des fripons, des sots, des échafauds, des boureaux et des victimes: je n'ai vu que des courtiers de faction, des patriotes à gages, des voleurs, des cerveaux timbrés, des têtes systématiques et dangereuses..... Mais pour prouver au lecteur, jusqu'à quel point un homme de bien peut déraisonner, je rendrai compte ici d'un entretien que j'eus il y a quelque tems avec un *réélectocrate*, fort honnête homme d'ailleurs.

LE SYSTÉMATIQUE.

D'après tout ce que je vous ai dit et répété depuis deux heures, je crois, citoyen, vous avoir complettement prouvé que si la réélection des cinq-cents n'a pas lieu, la république ne peut subsister seulement 15 jours, et encore c'est beaucoup......

MOI.

Mais comment l'entendez-vous, citoyen? quels services peuvent rendre et quel bien peut-on attendre de députés qui, pour la plupart, sont au moins des lâches? ils en conviennent et savent bien qu'ils n'auront jamais la confiance; donc.....

LE SYSTÉMATIQUE.

Ah! ah! belle nouvelle, ma foi, *ils n'auront jamais la confiance!!* et c'est où je vous attendois; apprenez, étourdi que vous êtes, qu'en révolution et dans une république, il est essentiel que les législateurs ne soient pas trop estimés..... et je vais....

MOI.

En ce cas nous sommes parfaitement en mesures.

LE SYSTÉMATIQUE.

Point de fadaises, s'il vous plaît..... il seroit trop long de vous démontrer les vérités politico-métaphysiques que j'avance. Mais je vous répète que si les cinq-cents ne restent pas, tout est désorganisé en un instant ; la machine croule et nous écrase.

Les nouveaux députés n'ayant point la triture des affaires, bouleverseront tout impitoyablement; comme vous je méprise la majorité des cinq-cents ; ils ont laissé ce qu'ils devoient empêcher; mais je n'en voterai pas moins de toutes mes forces pour leur réélection ; ignorez-vous donc que dans les montagnes de Sicile, ce sont des voleurs de grands chemins qui servent de guides aux voyageurs..... Il ne s'agit pas ici d'ouvrir vos deux grands yeux et d'avoir la bouche béante ; ce sont des raisons qu'il me faut.....

MOI.

Je serois fort malheureux si je n'en trouvois pas de plus solides que les vôtres ; par exemple, n'est-il pas reconnu que les départemens ont fait d'excellens choix ; et comptez-vous pour rien la probité et les talens de ceux que la voix publique conserve ; je vous en demande pardon; mais je crois que vous avez perdu la tête ; et une anecdote que je vais vous raconter, vous prouvera qu'en chassant vos protégés, la république restera à sa place ; et que les choses, loin d'aller plus mal, ne pourront qu'aller mieux ; car les gens qui consument tout leur tems à faire oublier des actions atroces, ne pensent point à l'intérêt public. — Ecoutez : « Un napolitain sortoit » pour aller faire sa prière et voir sa maî- » tresse ; il apprend que le vice-roi vient de » mourir ; l'inquiétude commence à le saisir. » Un peu plus loin, on lui dit que la nou- » velle de la mort du pape est arrivée, que le » cardinal-archevêque est parti pour Rome ; » sa peur redouble ; enfin en lui raconte que » le président du conseil est tombé en apo- » plexie : alors mon napolitain ne se contient » plus, il court chez lui et se barricade, croit » que la ville va être au pillage, et qu'on as- » sassinera dans les rues ; il passe la nuit dans » des transes mortelles ; le lendemain matin, » il entend son voisin faire du macaroni, « comme à l'ordinaire ; nul tumulte dans la « ville ; il se hasarde à se lever, regarde à » la fenêtre, voit avec surprise que les cha-

» rettes vont dans les rues comme à l'ordi-
» naire ; *e il mundo va de se*, dit-il, en se
« recouchant tranquillement. »

LE SYSTÉMATIQUE.

Eh bien ! qu'a de commun cette anecdote avec notre situation ?

MOI.

Je me plais à croire que lors du remplacement des députés, tout sera aussi calme que chez mon napolitain ; vos appréhensions sont mal fondées, tout ira bien, et les principes seront maintenus (que j'étois bête de croire cela).... Au reste, je n'ai rien entendu à votre comparaison de montagnes de Sicile, de voleurs de grands chemins et de députés ; vous alambiquez tout ce que vous me dites par de grands mots vuides de sens ; et vous tâchez de faire disparoître les causes de nos malheurs ; mais je me crampone à vous, et nous parlerons simplement et sans emphase....

LE SYSTÉMATIQUE.

Vous ne me ferez pas changer d'avis.

MOI.

Je vous soutiens donc que la convention ressemble à ce jeune dissipateur, qui en mangeant son fonds, au lieu de l'entretenir, peut soudoyer à Paris pendant quelque tems, des filles et des ouvriers de toute espèce ; mais bientôt le prodigue ruiné va mourir à l'hôpital, et laisse tous ces gens là sans pratique ; qu'en pensez-vous ?..........

LE SYSTÉMATIQUE.

Qu'il est inutile que vous pesiez sur mes épaules pour me coller sur ma chaise, que je veux me lever..... et que vos contes bleus ne me feront pas changer d'avis.

MOI.

Je compare le gouvernement à ces propriétaires mal avisés qui, ne pouvant mettre en valeur la moitié de leurs terres, s'écrasent de dettes pour en acheter encore d'autres : ceux qui se trouvant un peu à l'aise, améliorent leurs anciens domaines au lieu de faire de nouvelles acquisitions, ne sont-ils pas plus sages ? Oh ! je me garderai bien de vous faire toucher du doigt la situation de la France, elle est affreuse, et le pauvre peuple qui rit, chante et boit (quand il peut) ne s'en doute pas du tout......

LE SYSTÉMATIQUE.

Quels blasphêmes ! et nos armées triomphantes? et nos conquêtes? Oh! je ne changerai pas d'avis malgré vos.....

MOI.

Armées! conquêtes! cela mérite attention; il s'est présenté tout d'un coup en France des légions de fous et des méchans qui, pour leur intérêt, ne respiroient que la guerre.... On se bat depuis quatre ans; qu'est-il revenu de tout cela? La guerre m'a fait voir les plus braves soldats de la terre, conduits souvent àla boucherie par des généraux que je compare à ce tailleur mal-adroit et fripon qui emploie trois aunes de draps pour faire un habit, tandis que son voisin, plus habile et plus honnête, se tire d'affaire avec une aune et demie.

LE SYSTÉMATIQUE.

Toujours de sottes comparaisons... au fait.

MOI.

Ce que je dis est tellement vrai, que le gouvernement ne cesse de fouiller dans nos poches pour soutenir ses quatorze armées, et qu'après avoir fait moissonner notre brillante jeunesse, il est contraint de voler des jeunes gens par-tout où il peut en attraper; les pauvres parens pleurent, et les enfans vont mourir; j'espère pour le coup qu'on n'aura pas l'effronterie de nous dire qu'ils vont se tuer de bonne volonté, puisqu'il est vrai qu'on les garotte, pour les conduire à la gloire. La guerre m'a fait voir tous les fléaux ensemble, le profit des munitionnaires, des fournisseurs, le faste et l'insolence des représentans, qui faisoient des plans de campagne, comme des avocats et des médecins qu'ils étoient; ils s'avisoient d'écrire que nos armées ne perdoient que des petits doigts, tandis que souvent dix mille morts couvroient le champ de bataille (17). La guerre m'a fait

(17) La g erre de la Vendée coûte à la république au moins 200,000 hommes de nos troupes, et je n'exagère pas; elle a ruiné plus de 20 régimens de cavalerie. Le huitième régiment de hussards, dont j'étois colonel, étoit fort de 665 hommes en arrivant à Saumur; il m'en vint de Metz 120; lorsqu'il quitta l'armée, il n'y avoit plus 200 hommes; ce corps a été depuis au Nord et au Rhin, et renouvellé trois ou quatre fois en hommes et en chevaux; il n'existe plus 50 anciens hussards. — Ce régiment étoit superbe; je m'en rapporte à Tallien, devant lequel je l'ai fait défiler à Tour. — Depuis deux ans, j'ai passé en revue plus de 60 bataillons; à peine voit-on un soldat au-dessus de 25 ans; cela fait frémir de douleur et d'indignation; ajoutez y la mort d'une population de 500 lieues, exterminée par nos troupes, et bénissez la convention. — Le premier régiment de cavalerie qui étoit de ma brigade à Rouen, a laissé, de Hollande en Normandie, 60 chevaux morts sur la route. — J'ai

voir des villes brûlées, des hommes et des chevaux mourant de faim, des épaulettes à cordelières, des chapeaux bordés sur bien des têtes de bois, des lauriers pour ceux qui n'auront pas la tête cassée, des matériaux pour les gazettes et l'histoire qui mentira comme une enragée : mais pour le bien de la république et l'intérêt de la nation, je veux que le diable m'emporte, si je l'entrevois, et je doute fort que le plus matois du comité puisse me le démontrer d'une manière claire et solide; *ergo*, le profit que nous retirons de nos victoires, n'est pas un problême pour ceux qui ont le sens commun.

LE SYSTÉMATIQUE.

Avez-vous bientôt fini tout ce galimatias; je meurs d'impatience, et plus vous parlerez, moins je changerai d'avis.

MOI.

Oh que si.... et toutes vos idées seroient bien différentes, si vous eussiez vu comme

vu des représentans faire faire à leur escorte 12 lieues en poste, et des chevaux mourir en chemin. — En France il n'y a plus de cavalerie..... et notre agriculture est réduite...... Pauvre nation! ou plutôt, sotte nation! car la vérité ne te frappe pas aussi efficacement que les grands mots!!

moi désoler et martyriser la population de la république qui jadis fut la plus patriote, et que les anglais redoutoient plus que des troupes réglées (18) ; les comités, malgré tout leur

(18) Sieyes, Louvet, Fréron, Chénier, Tallien, Legendre, Judas-Bourdon, Purgon-Hardy et *omnes gubernatores, ejusdem farinæ*, ne savent pas que le peuple breton fut de tout tems le plus patriote et le plus énergique de France, il falloit le voir repousser les anglais en 1758, et dans toutes les occasions où ils se présentoient sur la côte ; il falloit le voir à l'aurore de la révolution ; aux yeux des gens qui observent et qui ont du sens, les mœurs des bretons sont austères ; fermes, constans, obligeans, hospitaliers, l'esclavage et la tyrannie leur sont insupportables; c'est un peuple particulier. L'exécrable convention qui a tout gâté, n'a pas su calculer ses farces odieuses, avec les localités, et les habitudes de paysans qui n'entendent pas un mot de francais ; elle a voulu transformer ces pauvres gens en philosophes et en athées. Prieur de la Marne, Esnue-Lavallée, le petit drôle de Jullien et autres, alloient prêcher l'irréligion, et envoyoient des agens mutiler les statues des saints, profaner des vases sacrés, et fouiller les autels... au nom de la république ; tout cela amusoit les soldats ; mais les infortunés bretons aimoient mieux être fusillés devant leur porte, que de renoncer à l'amour de Dieu : lecteur, fais attention que je ne mens, ni n'exagère ; j'ai tout vu, et depuis S. Brieux jusqu'à Vannes et Rennes ; j'ai parcouru tout ce malheureux pays, il est dans ce moment plus dévasté que jamais ; le gouver-

mystère ne m'empêchent pas de savoir que tandis que nos armées sont en Hollande et en Allemagne, nous avons un quart de la France à conquérir; je ne parle point du Midi, mais des ci-devant provinces du Poitou, Anjou, Maine, Bretagne, et jusqu'en Normandie et en Beauce d'où revient Bourdon de l'Oise.

Plus il y a eu de généraux et de soldats dans ces contrées, plus les chouans s'y sont multipliés; on a commis tous les excès à l'égard de ces malheureux, on tuoit leurs prêtres par-tout où on les rencontroit.

Lors de la première réquisition, on alloit à la chasse des jeunes gens comme à celle des ours; des soldats entouroient une maison et

nement envoie des hussards pour convertir des ignorans; on pille sans cesse; j'en appelle à Aubert-Dubayet, qui ne peut le nier; comment s'étonner après cela que quelques royalistes ayent profité de l'indignation des cultivateurs pour les porter à la révolte? j'ai prédit tout cela il y a deux ans, je l'ai écrit, je l'ai répété; sots comités! criez bien fort aux chouans! vous les avez créés . . . . : ô comme je vous abhorre, infâmes! . . . La situation de la Bretagne est plus douloureuse et plus allarmante que celle de la Vendée; car là c'est une affaire finie, et on me fait rire quand on écrit que des communes rasée et brûlées depuis deux ans, viennent de déposer leurs armes; cela n'a pas le sens commun . . . . ! !

perçoient à coup de bayonnettes, les meules de paille où les pauvres enfans bretons se réfugioient, et cela sous les yeux des pères et mères auxquels on enlevoit tout, et qu'on amenoit dans des prisons infectes, où de lâches magistrats les oublioient, tout en les plaignant. Les soldats furieux de ne point comprendre le patois breton, fusilloient librement et sans scrupule, qui leur déplaisoit; souvent on a fait guillotiner des paysans sans leur demander leurs noms; cela se faisait dans vingt endroits, et sur-tout à Rennes, où un tribunal de sang étoit présidé par un polisson âgé de 22 ans; il signoit *le Pelletier*, *Brutus*, *Beaurepaire-Magnier* (19) avoit

(19) *Ce Lepelletier, Brutus, Beaurepaire-Magnier,* déjeûnant le jour du vendredi-saint avec ses collègues, leur dit : Frères et amis, il faut faire mourir aujourd'hui à la même heure que le *contre-révolutionnaire Jésus*, cette jeune dévote qu'on a arrêté dernièrement; et vîte ordre de l'aller chercher et de l'amener à l'audience : le geolier se trompe et lui envoie une fille de joie; on l'interroge sur son fanatisme, sur les reliques, les agnus et le chapelet trouvés sur elle lors de son arrestation, sur sa prédilection pour les prêtres réfractaires; elle n'entend rien à cela et se met à rire (écrivez qu'elle ne daigne pas répondre, et qu'elle se rit du tribunal); on alloit prononcer sa sentence de mort, lorsqu'elle déclara qu'elle n'étoit

une guillotine sur sa tabatière, et écrivoit à un de ses agens : Envoie sur-le-champ *cinq ou six gibiers de guillotine* (j'ai vu cette pièce). Il falloit observer ces pauvres gens allant au supplice; les têtes de ces malheureux étoient amoncelées sur l'échafaud, et restoient plus de 15 jours à griller au soleil;

---

pas du tout dévote, *et qu'on l'avoit mise en prison*, parce qu'elle avoit débauché et blessé quelques volontaires : Brutus fronce le sourcil et croit que c'est un subterfuge; cette fille allarmée fait un geste indécent et veut montrer, disoit-elle, la *vérité*, ce qu'elle alloit faire, lorsque le tribunal s'appercevant de sa méprise, la fit reconduire en prison, et on amena la vraie dévote qui fut mise à mort, comme on l'avoit décidé entre la poire et le fromage. — Tout Rennes sait cela. Ces scènes ont eu lieu dans toute la France; quel pauvre peuple que le peuple français! ..... Brutus a été mis en jugement et acquitté comme n'ayant point assassiné avec des intentions contre-révolutionnaires; on l'enferma à Bicêtre comme dilapidateur; peut-être en est-il sorti pour aller, le 13 vendémiaire, vaincre sous les ordres de Dufraisse, acquitté aussi comme ayant pillé, vexé, dénoncé et brigandé, mais non pas avec des intentions contre-révolutionnaires. Oh! oh! oh! et on veut tuer ces honnêtes et braves citoyens de Paris, qui sont en fuite, proscrits, condamnés, dont les familles pleurent, et qui doivent monter sur l'échafaud, parce qu'ils n'aiment ni les terroristes ni la convention!

ah! citoyens, je ne puis continuer, mon cœur saigne !.....

LE SYSTÉMATIQUE.

.... Mais tout cela n'est pas possible; comment des hommes, des français, peuvent-ils.........

MOI.

Des hommes! des français! peuvent tout, et j'ai été témoin de ce que je vous rapporte, et de mille millions d'autres faits que je n'ai ni le tems ni la force de vous rendre. Ecoutez-moi cependant pour la dernière fois, et frémissez! rien n'est égal aux actes de férocité commis par les républicains dans leur retraite des terres de l'Empire; plusieurs curés ont été crucifiés sur leur porte; mais voici un trait d'une genre tout nouveau; il est rapporté par un officier français, dont j'ai vu la lettre écrite de Neuwied le 20 novembre dernier.
« Un jeune époux irrité des insultes faites à
» son épouse, ne put contenir sa colère; sur
» les témoignages qu'il en donna, et qui ne fi-
» rent préjudice à personne, des monstres à
» face humaine l'attachent à sa porte dans un
» état révoltant pour la pudeur; sous ses yeux
» on jette sa jeune épouse sur un lit; vingt-
» trois scélérats lui ont fait les derniers outra-

» ges, et à chaque outrage, ils impriment un » fer chaud sur ce que l'infortuné rougissoit » qu'on eût mis chez lui en évidence, etc. » Vous pouvez compter sur la vérité de cette horreur ; et l'officier qui l'écrivit marchoit à la poursuite de ces hommes infernaux, dont la conservation semble accuser la providence ; c'est sur les lieux qu'il l'a recueilli ; il ne faut pas être étonné de voir les paysans assommer, mettre en pièces tout ce qui leur tombe sous la main, ils se croient plus autorisés à exterminer ces monstres, qu'à poursuivre les bêtes féroces.

LE SYSTÉMATIQUE.

Miséricorde ! quels hommes et quel siècle ! oh ! grand Dieu ! ! !

MOI.

Vous sortez, vous soupirez.... bon voyage, puisse cette conversation vous avoir fait enfin changer d'avis. — Il faut que cet homme soit furieusement entêté, s'il n'a pas été convaincu qu'on ne devoit point laisser en place ceux qui, en nous promettant la liberté et le bonheur, nous tiroient du sang par les quatre membres, et nous garottoient, quand ils nous faisoient la grâce de ne point nous tuer.

Ecoutez-les donc parler empathiquement

du salut du peuple, en même-temps qu'ils l'accablent d'impôts, et qu'ils en tirent toute la substance; ils ont tant et tant révolutionné que le commerce, source de toute prospérité, est absolument anéanti pour nous; Dieu seul et les comités savent à quel prix nous avons fait des conquêtes. O France! que deviendras-tu au milieu des factieux qui te déchirent! les infortunés habitans des villes et des campagnes, sont donc réduits à gémir dans une détresse éternelle; la génération vivante minée par les horreurs de la misère, est condamnée à voir d'âge en âge dévorer par la faim, la moitié de sa postérité.

Ici, députés éternels, ambitieux et opiniâtres, je vous demande à vous-mêmes justice de vous-mêmes, tous nos malheurs ne sont-ils pas votre ouvrage? L'histoire nous montre ce que nous devons attendre de votre pouvoir violent et usurpé; quel supplice mériterez-vous, lorsqu'au lieu de nous porter des secours, vous aurez fini de creuser le vaste tombeau de la nation? Hélas! je vous vois encore foudroyer ceux qui auront résisté aux horreurs de la famine.

Maintenant les départemens n'ont plus de torts à imputer aux parisiens, ils se sont opposés à votre désastreuse permanence, et s'ils n'ont pu empêcher le triomphe des terroristes, c'est qu'après vous avoir défendus en prairial, ils furent assez confians pour vous remettre leurs canons; ils étoient loin de penser alors qu'ils continuoient votre dictature.

Dans la mémorable journée du 13 vendémiaire, les parisiens avoient pour eux la justice, les principes et le vœu de toute la France. Et vous, la soif de dominer, l'habitude du crime, vos mauvaises actions, et la crainte de rendre des comptes.

Vos défenseurs étoient la plupart ces valets de (20) tous les partis, cette nuée de terro-

(20) Il existe une classe d'hommes plus méprisables à mon sens que les terroristes, ce sont ces gens multiformes, et qui ont eu trente-six opinions. C'est une qualité particulière à notre nation; tel homme qui le 13 vendémiaire canonnoit ses concitoyens, affichoit en 91 l'aristocratie, et prônoit à tout le monde l'affabilité du roi, qu'il avoit l'honneur, disoit-il, d'accompagner. — Vient le 10 août voilà un révolutionnaire de recrue; il prend la carmagnole, le bonnet et le bâton, et commande les sans-culottes; on emprisonne mon patriote, il aristocratise avec les honnêtes gens, il sort; le 9 thermidor arrive, il est humain avec les autres, et si fort humain, qu'on le fait général. Le terrorisme renaît, la lâche convention veut tuer la liberté, il est un des héros de

ristes, d'escrocs et de piliers de tripots dont Paris regorge ; ces généraux qui se battoient moins pour vous, que pour raccrocher le généralat duquel ils étoient exclus, les nombreux assassins de septembre, la troupe de Ronsin ; enfin les pauvres soldats que vous avez trompés, en les associant à cette canaille, et qui déjà se repentent d'avoir servi vos vengeances.

Quant à nous, que vous appellez chouans et rebelles, nous étions la totalité des citoyens de Paris, réunis pour notre sûreté, nos droits, et la conservation de notre liberté : jamais, je le jure, nous n'avons eu l'intention d'attenter à la vie des députés, *même les plus criminels*, et ceux qui nous ont accusés de conspiration, et d'avoir crié *vive le roi*, sont

---

la convention, il canonne à merveille, et Barras fait son éloge. Il est affreux de n'avoir jamais fait la guerre qu'à des parisiens ; je sens mieux que personne qu'il faut dîner ; mais en pareil cas je sais jeûner, *qui potest capere capiat* . . . dans un pays où tant de gens couvrent la déclaration des droits avec des feuilles de 10,000 livres, dites que la liberté est une chimère . . . Les généraux Menou et Raffet ont bien mérité de la patrie, on ne doit pas l'oublier ; oh ! qu'ils pourroient nous dire de choses sur le 13 vendémiaire ! Cela viendra-t-il ?

des imposteurs. . . . Voilà le tableau exact de la journée du 13. — Ici les sections de Paris, disant tout haut et depuis un mois, ce qu'elles vouloient faire, délibérant, criant, menaçant, tapissant les murailles de leurs justes réclamations.

La convention, au contraire, prenant ses mesures avec une prudence perfide, faisant semer adroitement le bruit, *que les soldats ne tireroient pas sur leurs frères*, les bons bourgeois croyant cela *pieusement*.

D'un côté, les bataillons des citoyens prenant simultanément les armes, s'entassant les uns sur les autres, dans un désordre épouvantable marchant sans but fixe, et n'ayant pour plan de bataille, que de la haîne contre les terroristes, et du mépris pour la convention.

Cette convention circonscrite dans un territoire fortifié par l'art et la nature, et hérissé de canons, ayant tous les genres de munitions en abondance, des ingénieurs, des regimens de généraux, des soldats choisis et *bien avinés*; cette convention enfin, se trouvant dans la nécessité de livrer bataille, *ou de céder à la voix de la justice et de la raison*.

Les parisiens bons et confians, et laissant

circuler tout à leur aise, généraux, représentans, patrouilles, se trouvant dans dix endroits, pêle-mêle avec des soldats de ligne, causant avec eux, et croyant de bonne foi que tout se passeroit sans coup férir, et que les comités seroient confondus *par l'opinion* générale.

Les assemblées primaires pleines d'espions qui alloient d'un parti à l'autre.

Une immense quantité de gens qui se promenoient dans Paris, la face riante, et le parapluie sous le bras, et qui sembloient ne pas voir ce qui se passoit. Un comité central des sections, qui phrasoit à perte de vue, mais qui ne faisoit aucuns préparatifs; le découragement peint sur toutes les figures. . . de la colère, des lieux communs, de grands projets d'attaque sans moyens d'exécution. . . . Voilà, je l'avoue, *de singuliers conspirateurs.*

Pendant que cela se passoit dans Paris, *les comités de gouvernement*, *la montagne*, *la plaine*, *le marais*, *la lie*, *la bourbe*, tout se réunissoit contre nous, excepté cependant quelques députés sages et vertueux, qui vouloient empêcher la guerre civile. . . . Mais les factieux Barras, Lehardy, Goupilleau et autres, les menaçoient hautement. . . .

On

On calomnioit les sections, que j'ai contenues six heures dans une stricte immobilité.

On entendoit Legendre beugler, qu'il vouloit *mourir sur sa chaise curule*, tandis que son ami Barras lui avoit retenu d'avance un appartement à Saint-Cloud.

Le tartuffe et méprisable Louvet, s'égosillant contre les royalistes. . . . ce même Louvet qui, réfugié à Echallens, étoit devenu dévot et royaliste, ce Louvet dit *Fraichot*, qui se vantoit *en Suisse*, d'avoir sauvé la vie à des suisses, le 10 août . . . . Ce petit Louvet, qui alloit à la messe, communioit exactement, et qui fit bénir son mariage avec Lodoïska, dans la chambre d'un prêtre insermenté (*voir M. de Verth et 20 autres témoins.*) Cet honnête et vertueux Louvet, auquel je prouverai qu'il a reçu 600,000 livres pour son rapport sur les héritiers des fermiers-généraux. . . que ceux qui les lui ont donné aient le courage de le publier. . . . . mais je sais qu'ils ne l'oseront pas. . . . Louvet est puissant.

Chenier ce poëte boursouflé, s'élançoit à la tribune avec l'audace d'une homme *qui n'a rien à craindre*; ce misérable provoquoit à chaque instant des mesures aussi injustes qu'extravagantes.

Ou étois-tu donc, infâme Chenier, lorsqu'on menoit ton frère à l'échafaud, par ordre de Robespierre? Qu'as-tu fait pour l'arracher à une mort qu'il ne méritoit pas? Où étoit alors *ton énergie de langue*? C'étoit bien le cas, *maudit Caïn, de t'élancer à la tribune*.... Meurs de honte, insensé, le mépris public t'enveloppe.

Que dire encore de ce Tallien qui, le 7 germinal dernier, dénonçoit le brigand Dufraisse, *comme scandaleusement acquitté*, et disoit à l'assemblée, que tous les hommes gorgés de sang, se réuniroient autour de ce général révolutionnaire du Nord, etc.

Que penser, lorsqu'on voit le 13 vendémiaire, ce même Dufraisse devenu le capitaine des gardes de Tallien!

Et vous, sections fidèles! pourquoi, après avoir invectivé la convention à la barre, et protesté contre ses décrets, vous êtes-vous tout-à-coup rangées de son parti? . . . que de bassesses! que d'inconséquences!

Les sots et les gens crédules, en lisant le rapport des comités, se sont imaginés sans doute, que la victoire étoit le fruit des plus savantes combinaisons, qu'elle avoit été disputée long-temps : detrompez-vous, mes amis; car en moins d'une heure le canon avoit dissipé les nombreuses cohortes parisiennes, ce qui n'empêcha pas le grand Barras de faire pointer son artillerie contre des murailles, et de cribler pendant la nuit le domicile des citoyens glacés d'effroi. . . . Quel charlatan ! — Sénateurs si souvent menteurs, une triste et douloureuse expérience nous a appris à ne point croire à vos rapports ; et toute la France sait que lors du 13 vendémiaire, les honnêtes membres de la convention, ont été trompés par une poignée d'intrigans qui ont tout acheté et tout corrompu, tout dénaturé, et recompensé largement la vénalité des lâches journalistes qui empoisonnoient l'esprit public.

Habitans des départemens, croyez que si les parisiens se sont si fortement prononcés contre le décret de réélection, c'est qu'ils voyoient de plus près que vous les trames de la faction jacobite.

Eloigné du champ de l'intrigue, quelques uns d'entre vous peuvent être trompés ; que ceux-là sachent qu'il existe à Paris trente mille bandits, qu'on emploie tantôt à faire une réputation, tantôt à la détruire, tantôt à appuyer une conspiration, tantôt à en découvrir une autre; aujourd'hui il existe une petite révolte d'après laquelle on dresse ses batteries; demain ils clabauderont pour ou contre telle ou telle faction; ces misérables sont au plus offrant, et trafiquent de leurs gosiers, de leurs bras et de leurs mensonges; il y a sur les événemens, les rapports et les décrets, un agio semblable à celui de la rue Vivienne: rien de pur et de vrai ne peut sortir de la nouvelle Sodôme, et de tous ceux qui vous portent, ou vous envoient les nouvèlles, il n'y a que les chevaux qui ne mentent pas.

Je ne ferai point ici l'apologie de ma véracité; il me suffit d'assurer le lecteur, que je n'ai rien de commun avec les savans dont les actions démentent les beaux discours: l'humanité de laquelle je fais profession n'est ni *posthume, ni aléatoire.* Ceux qui ont de la mémoire, se rappelleront que depuis trois ans je fais la guerre aux bourreaux; et l'ouvrage du malheureux Phélippeaux, prouve que j'ai joint ma voix à la sienne, pour empêcher Bouchotte et ses complices de faire égorger nos soldats. (21)

---

(21) A l'affaire du 5 août 1793, à Doué, le régiment que je commandois fit 79 prisonniers; je les

Celui qui se sera donné la peine de me lire jusqu'au bout, pourra donc dire sans

fis conduire à Saumur où je fus aussi pour rendre compte ; je demandai ce que je devois faire de ces prisonniers ; les représentans qui ce jour-là me félicitèrent, me dirent en confidence, que je devois savoir qu'on ne faisoit pas de prisonniers, que j'étois un bon garçon, mais que je n'étois pss à la hauteur..... Notez que je venois de gagner personnellement une affaire de poste... aussi je buvois le vin des dieux ! Enfin on fit conduire les prisonniers à la tour de Saumur, et j'eus occasion d'aller quelques jours après voir les hussards de mon régiment ; je demande où sont les malheureux paysans ; on me fait descendre au fond d'une large tour, où parmi un tas de moribonds, je vis un homme mort, et un autre qui expiroit à côté de lui ; je tombai moi-même suffoqué par le méphitisme ; je fis monter et donner du bouillon à celui auquel il restoit un soufle, il en revint ; le geolier humain permit aux prisonniers de prendre l'air sur le haut de la tour ; j'allois de tems en tems prêcher ces pauvres gens, parmi lesquels il y en avoit de 70 ans ; je leur donnois à entendre qu'on renverroit les vieillards chez eux, à condition qu'ils convertiroient leurs concitoyens et qu'ils obéiroient aux loix, et leur faisois sentir que c'étoit là leur intérêt, que la guerre les perdoit et les ruinoit, etc. etc. Mais hélas ! le 21 frimaire Levasseur de la Sarthe arrive à Saumur, il fait lier 700 prisonniers deux à deux, pour, disoit-il, les transférer ; il donne ordre de les fusiller, s'ils inconvénient : *Cet oracle est plus sûr que celui de Calchas. . . . Merlin de Douay.*

A l'exception des grands coupables, et des antropophages d'habitude, toute la na-

---

bronchent ; effectivement ils furent fusillés et noyés par bandes de 50, 60 et 100, depuis Saumur jusqu'à Orléans, et les conducteurs Mogue et Petit mettoient l'étape de ces malheureux dans leur poche. . . Citoyens ! Levasseur s'est vanté de cette expédition dans l'antre de la convention. *Voyez la séance du premier nivose IIe année.* — Interrogez toute la ville de Blois et le concierge de Saumur, Christophe et Lachevre capitaines de hussards, qui se sont distingués le 5 août . . . . Le même jour premier nivose Léquinio écrivoit à la convention, qu'il avoit brûlé la cervelle à deux prisonniers de Fontenay-le-Peuple, et qu'il venoit d'en faire fusiller 500. — *Voyez le Moniteur.* — Je déclare à la France et à la postérité qu'un honnête homme, avec six mille soldats bien cantonnés et bien commandés, pouvoit appaiser les troubles de la Vendée ; je déclare que les vendéens nous ont fait plus de 30,000 prisonniers qu'ils renvoyoient tondus ; et qu'ils n'ont commis de cruautés, qu'après que nous leur en avions donné l'exemple, en les empoisonnant et faisant massacrer les malades dans leur lit. — Le 15 juillet, à la bataille de Martigné, le lâche et féroce Grammont hacha trois hommes liés et prisonniers dans le château de Féline ; les généraux de l'armée de l'Ouest, étoient, comme je l'ai déjà dit, des moines, des curés, des saltimbanques, des gredins de toute espèce.

tion est révoltée des faits que j'ai avancés ; mais elle n'en restera pas moins spectatrice tremblante des factions agissantes et réagissantes.... Lorsqu'un des suppôts de Robespierre élève la voix en faveur de l'anarchie, les députés sur la vertu et le courage desquels nous devons compter, se taisent ou balbutient ; ils ne voyent pas que non-seulement ils perdent la patrie, mais encore qu'ils seront les premières victimes des conjurés.... ô temps ! ô mœurs ! ô honte du nom français ! douce et sainte liberté, que tu es éloignée de nous ! la république est livrée à des oiseaux de proie, qui lui déchirent sans cesse les entrailles, en croassant le mot *humanité* ; où diable nous a conduit notre sublime raison ! et que nous sommes méprisables.....

« Voit-on les loups brigands, comme vous assassins
« Pour détrousser les loups, courir les grands chemins ?
« Jamais pour s'aggrandir, vit-on dans sa manie,
« Un tigre en factions partager l'Hircanie ?
« L'ours a-t-il dans les bois, la guerre avec les ours ?
« Le vautour dans les airs, fond-il sur les vautours ?
« A-t-on vu quelquefois, dans les plaines d'Afrique
« Déchirant à l'envi leur propre république,
« Lions contre lions, parens contre parens,
« Combattre avec fureur pour le choix des tyrans ?

Le satyrique *Despréaux* eût dit bien autre chose, s'il eût vu les 44 mille comités révolutionnaires, et tout ce qui s'en est suivi.

Je reviens avec complaisance sur la légéreté du peuple français; depuis plus de six mois je disois jusques sur les toits, que la terreur ne faisoit que sommeiller : je n'étois pas si niais pour croire à la conversion subite des bonnets rouges, des espions, des délateurs et des assassins des vieux de la montagne . . . . Savez-vous ce qu'on répondoit à mes doléances, ou à mes lamentations patriotiques ? *le Réveil du peuple* ; et on faisoit une pirouette sur le talon, par la raison qu'*un homme triste et prévoyant, est un homme ennuyeux*, sur-tout en France.

Observez aujourd'hui mes chers compatriotes ; ils sont tout-à-fait abasourdis, ils se regardent dix minutes avant de se toucher la main ; en un mot, ils sont *morts civilement ;* eh bien ! regardez ce même peuple lorsque le temps écrasera une faction ; vous le verrez se ruer en troupe sur le chef; il criera, ils se disputera, et finira par se taire, tandis que les camarades du défunt renoueront le fil de l'intrigue. . . . Voilà pourtant comme vont nos pauvres affaires ! . . . .

(22) Mon cher et pauvre Lucas, on a

---

(22) Pierre-Hector Lucas, citoyen de Rouen, est

bien tort de t'emprisonner comme fou, lorsque tu dis en public que nous sommes des *oies*; homme aimable et facétieux, tout me porte à croire que la divinité t'inspire, quand tu t'amuse à nous faire des mercu-

---

l'homme le plus gai et le plus franc de la nature; il réunit à une figure mâle et ouverte, une amabilité rare, il se moque des sots et des méchans tant que la journée dure; c'est apparemment pour cela qu'on le traite de fou.... Il m'a toujours semblé injuste de le saigner, de le baigner et de le renfermer; car il débite très-spirituellement de bonnes vérités; il est doux et poli à l'extrême, donne ce qu'il possède à tout le monde; il dit et répète souvent par forme de plaisanterie, que nous sommes des oies, boit sec, ne s'enivre pas, et entonne d'une voix vraiment mélodieuse :

Aimable providence,
En toi je mets ma confiance;
J'adore tes décrets,
Et de tes bienfaits
Je bénis les attraits, etc. etc.

Tout cela ne mérite pas d'être renfermé dans une loge où, par parenthèse, il ne perd rien de sa gaîté; le citoyen Lucas est un homme réellement extraordinaire, et qui n'étoit pas fait pour vivre dans un siècle où la franchise est folie, l'égoïsme vertu, et la générosité sottise; je paie avec plaisir le tribut à l'amitié, et suis certain que Lucas priera Dieu pour que je ne tombe pas sous la griffe de l'exécuteur testamentaire de la convention.

riales : quel peuple, en effet, que celui qu'on a entendu crier en faveur des coquins qui l'ont successivement trompé !

Je conviens avec toi, de tout mon cœur, que nous sommes des *oies*, que je me garderai bien de comparer à celle du capitole ; ces dernières crioient pour le salut de la patrie, tandis que nous n'avons cessé de crier pour la perte de la nôtre ; on nous a entendu vociférer tour-à-tour comme des bandes insensées : *Vive la nation, vive la liberté, vive d'Orléans, vive Necker, vive le restaurateur de la liberté, vive la constitution de 91, Pethion ou la mort, vive la république, vive Robespierre, vive Tallien, et le 2 septembre, vive les jacobins, vive la montagne, pas de bon Dieu, vive le gouvernement révolutionnaire, vive la terreur, vive le maximum, vive l'Etre suprême, et l'âme qui est immortelle donc! vive la constitution de 93, vive Barère, vive Billaud, vive Collot, vive Carnot, vive le 9 thermidor, à bas les jacobins, vive l'humanité et la justice, vive la constitution de 95, à bas les 500, point de* 500, — *vive Barras et les* 500, *vivent Legendre, sa verge de fer et son couteau sanglant, et vive tant d'autres qui ont tant fait mourir!!!*

Si toutes ces platitudes ne s'étoient point passées sous nos yeux, non-seulement à Paris, mais encore sur tous les lieux de la république, il seroit impossible de croire que le peuple français s'est avili de tant de manières.

Jusqu'ici, je n'ai présenté au lecteur que des tableaux déchirans; devois-je mentir? et les demi-vérités ne sont-elles pas aussi funestes que les mensonges?

Quoi qu'il en soit, il me reste un sang embrâsé, et mon espérance qui colore l'avenir, adoucit le présent et relève mon courage; et si je me félicite d'être échappé à la mort, c'est que je puis encore former des vœux pour ma patrie.

Fasse le ciel que les nouveaux représentans (23) se pénètrent bien de l'impor-

---

(23) Pour aller au-devant de toute chicane, je déclare que je regarde comme nos nouveaux représentans, ceux qui ont été choisis par le peuple, c'est-à-dire les 250; vient après cela le petit nombre des députés à la convention, exempts de crime, mais coupables de foiblesse. — Quant au reste, on sait le cas que j'en fais..... des Legendre, des Tallien, des Chénier, des Bentabolle, des je ne sais quoi!! faire la loi à toute une assemblée, et dénoncer les plus honnêtes et les plus vertueux dans leur comité général... Bon Dieu! quelle honte!! quand on est exempt

tance de leurs fonctions; plus notre situation est malheureuse, plus ils acquerron de vraie gloire en la faisant changer; ils peuvent tout avec du courage et de la constance; les hypocrites qui n'existent que dans le cahos seront confondus, s'ils veulent les confondre; la justice divine est lente; mais tôt ou tard les méchans l'éprouvent.

Législateurs! travaillez sans relâche au salut de la patrie; le bonheur auquel vous nous rendrez, sera votre plus douce récompense; si la tache que vous avez à remplir est pénible, le bien que vous pouvez opérer la rend sublime : le choix qu'on a fait de vous dans un moment de crise, et après une terrible expérience, m'est un sûr garant de la pureté de vos intentions. . . .

Vos devanciers ont dit dans leurs transports furieux: « Nous savons que le peu-
» ple voudroit être libre, nous savons qu'il
» existe pour lui dans la nature des règles
» invariables de justice, dont on ne peut
» l'écarter, sans le rendre *méchant et mal-*
» *heureux*; nous savons tout cela, et nous
» ne voulons pas, nous, ce que veut la provi-

---

de crainte et de crime; pourquoi ne tonnerois-on pas contre des Cacus!

» dence, nous voulons étouffer toutes les fa-
» cultés de l'homme, nous voulons qu'il soit
» esclave, afin qu'il soit souffrant et cor-
» rompu; nous voulons qu'il n'y ait de juste
» pour lui, que ce qui plaît à ses maîtres;
» nous éteindrons son intelligence, nous
» avilirons son cœur, nous paralyserons, s'il
» se peut, sa conscience; et en le tourmen-
» tant et en le dépravant de toute manière
» ici bas, nous lui préparerons encore
» une destinée plus désespérante et plus mi-
» sérable. »

Pour vous, citoyens, appellés à ramener le peuple français à son caractère primitif, votre persévérance et vos soins lui procureront le contentement et le nécessaire: la sagesse de vos délibérations donnera de la vigueur au vrai patriotisme; l'immoralité et le brigandage cesseront; nos goûts frivoles et corrompus, seront remplacés par l'amour du travail et la pratique des vertus; une génération d'hommes dignes de ce nom, succédera à une génération abâtardie par le crime et la misère; la puissance et la richesse de la France, s'établiront enfin sur des bases solides. Mon âme se repose avec délices sur des tableaux aussi consolans!

Au nom de la patrie en larmes et dévastée, je vous conjure de cicatriser nos plaies. Soyez les immortels auteurs du retour de la félicité publique; faites succéder le calme aux tempêtes qui nous désolent depuis si long-temps, et recevez d'avance les bénédictions de tous les français.

Tout notre espoir est en vous, mon cœur me dit que vous mériterez bien de vos concitoyens et de l'humanité si long-temps outragée par des barbares.

Tels sont les désirs d'un malheureux dont le cœur est flétri, et l'imagination troublée par tous les massacres qu'il a vu commettre.

(Dans le temps que j'écrivois cela, je ne supposois pas que les députés du nouveau tiers se laisseroient chasser les uns après les autres; ainsi donc, ami lecteur, ce qui les concerne est nul.)

O vous! qui m'accusez d'avoir été envoyé par le gouvernement, pour tromper les sections le 13 vendémiaire, apprenez qu'il n'existe personne au monde qui abhore autant que moi les monstres gouvernans; j'ai rencontré en ma vie trente représentans, bourreaux du peuple, qui s'en alloient égorgeant et dévorant la république dans tous les coins, et sacrifioient les plus précieux intérêts de la nation, aux basses querelles qu'ils avoient entr'eux. (24)

---

(24) Il faut que le public sache que lors de la pacification des chouans, il y avoit à Rennes, le parti de Boursault et celui de Bollet ; ces deux députés se haïssoient mortellement, et se le témoignoient d'une manière indécente; Boursault traitoit Bollet de grosse bête, et Bollet appelloit Boursault histrion et fripon. — Les généraux du parti de Bollet vouloient la pacification, et ceux de Boursault s'y opposoient par tous les moyens, et s'amusoient à détruire entr'eux tout ce qui avoit été traité, conclu et signé ; en sorte que souvent les chefs chouans étoient cernés et arrêtés, quoiqu'ils eussent des promesses par écrit, des traités et des trèves plein leurs poches, et qu'ils fussent même à table avec des généraux républicains. — (Le gros général Rey a joué ce tour à Humbert, général pacifiant.) Les chouans se conduisoient de même envers nos troupes, et ce par représailles ; les agens pacificateurs étoient vraiment des gens bornés à l'excès, ce qui, joint à la violation des clauses, a fait manquer une opération d'où dépendoit peut-être le salut de la France.

Le général Hoche, homme sage, froid, juste, d'un grand caractère, et qui a des talens étonnans pour son âge, pouvoit, s'il n'eût pas été contrarié, à sauver la Bretagne ; j'ai assisté à une audience qu'il donna à tout le parti chouan, réuni à Montcontour; il inspira une confiance générale, parla avec la justesse et la dignité qui convenoient à la négociation et à sa place... Les choses alloient très-bien ; mais le co-

Aux armées on voyoit autant de partis et de classes d'adulateurs, qu'il y avoit de bachas en mission; ce n'étoit autour d'eux que débauche ; ils engloutissoient la dépouille du pauvre avec les valets qui composoient leur cour : par-tout ils repoussoient insolemment le malheur : ici le fils venant solliciter la liberté de son père, étoit couvert de huées et précipité en prison ; là une jeune fille timide et éplorée venant demander la permission de soulager sa mère infirme, étoit chassée et accablée des propos les plus indécens.

Par-tout ces tigres aigrissoient les esprits,

---

médien Malherbe-Boursault étoit jaloux de lui, et travailloit si bien à le perdre dans l'esprit des comités, qu'il étoit destitué pendant son affaire de Quiberon. — Il n'existe pourtant pas de républicain plus austère et mieux prononcé que lui ; mais son opinion est accompagnée de probité et d'humanité, et cela lui a fait tort dans l'esprit des anarchistes.

On dit que le général Hoche s'est rangé du parti de ceux qui prétendent que le terrorisme *n'exista jamais. — Je ne le crois pas ;* il est impossible qu'un homme qui a manqué d'être tué par Robespierre, tienne un pareil langage. Je sais qu'il sert chaudement la république, qu'il l'aime, qu'il la veut.... le tems lui apprendra si un gouvernement, basé sur des crimes sans nombre, si une république qui coûte la vie à trois millions d'hommes, peuvent convenir au peuple français.

faisoient

faisoient naître la discorde et inspiroient la férocité ; bien loin d'employer la douceur pour faire connoître et aimer la république à des cultivateurs ignorans ou égarés, ils les exaspéroient par les plus révoltantes barbaries ; ils faisoient emprisonner en un seul jour les habitans de vingt communes, s'emparoient de leurs enfans ; par-tout enfin ils propageoient nos misères, pour étendre leur sanglante et monstrueuse autorité.

Au milieu des fumées du vin et des expensions crapuleuses, ils épuroient ou destituoient des corps administratifs, changeoient d'un coup de plume les destinées d'une armée, destituoient dix généraux pour leur substituer les compagnons de leurs dégoûantes orgies ; et tout cela se fait au nom du peuple français !

Celui qui a reçu de la nature un cœur droit et sensible, et qui a été témoin de tant de désastres, pouvoit-il servir ceux qui les ont ordonnés ?

Je pourrois mettre sous les yeux des gens qui répètent légérement la calomnie, une assez longue liste des victimes que j'ai arrachées à la mort en m'y exposant moi-même ; qu'ils sachent que j'ai reçu des ordres par écrit, d'organiser des compagnies d'incendiaires, de faire massacrer des malades dans leur lit, et que loin de les exécuter, j'eus la force de m'y opposer et de publier ces horreurs; aussi fus-je proscrit et caché pendant quatre mois (25).

---

(25) En brumaire deuxième année, je dînois chez Thirion représentant du peuple; des soldats amenèrent chez lui deux hommes arrêtés sur la route de Sablé à Laval; l'un d'eux reconnu pour postillon, fut relâché; comme l'autre étoit un peu vêtu, on lui demanda qui il étoit, ce qu'il faisoit et où il alloit. — Je suis le Normand, citoyen de Sablé. J'étois autrefois dans les fermes, et je revenois de Boisse. — Ah! ah! tu étois dans les fermes, sangsue publique! contre-révolutionnaire arrêté sur la route de Laval, et les brigands y sont? allons, allons, qu'il soit fusillé; pour faire sa cour, chacun dit son mot et raille bêtement l'infortuné auquel, pour comble de malheur, on trouve un chapelet qu'il portoit suivant l'usage du pays. — Oh! fanatique, brigand, scélérat! tu as le signe de ralliement! fusillé! le pauvre homme tremblant et stupéfait, ne répondoit pas un mot; je m'avise d'élever ma voix en sa faveur, et de dire que les preuves n'étoient pas assez claires et qu'il falloit.... Il ne faut point protéger les brigands; allons, général, donnez des ordres.... Voilà justement le commandant de la place. Voyant que c'étoit un parti pris, je devins plus furieux que tous les autres; j'entraîne le malheureux, et de concert avec le vertueux Duplessis commandant de la place, je le fais fourrer chez les suspects qui partoient le lendemain

Que celui-là qui peut me prouver que j'ai jamais changé de langage et de principe, se lève et m'accuse ; ce n'est point ici de l'orgueil, mais le besoin que j'ai de n'être pas confondu avec des meurtriers.

Au reste, dans un siècle d'horreurs et d'infamie, alors que les brigands étouffent les

---

pour Chartres ; je donne ordre de faire tirer des coups de fusil aux environs, et je rentre, disant tristement et amphibologiquement : C'est fait, on boit un coup, et on n'y pense plus.

Six mois après j'échappe moi-même à la guillotine, et je reviens commander à Laval ; François député, m'engage à l'accompagner à Sablé son pays ; en arrivant, j'apprends que le Normand a été mis en liberté à Chartres ; je vais à sa maison, je me nomme, il me reconnoit, me couvre de larmes et de bénédictions ; sa famille m'entoure et me poursuit par-tout..... les témoins sont toute la commune de Sablé, François membre des cinq-cents, Bidois citoyen de Laval ; je rends cette justice à Thirion, qu'en se conduisant ainsi il croyoit bien faire, il voyoit par-tout des brigands ; c'est un homme foible et sans méchanceté ; de précepteur il est devenu plus que visir ; cela lui a tourné la tête ; voilà ce qu'ont produit les infernaux pouvoirs illimités ! quel mot, Welches que nous sommes !....

Bourreaux ! faites-moi bien du mal, je porterai jusques sous votre hache des souvenirs délicieux.... et je vous narguerai.....

cris de l'homme qui voudroit arrêter les torrens de sang, pourquoi ne me vanterois-je pas d'être exempt de reproches? pourquoi ne dirois-je pas à mes concitoyens que sous le régime affreux de la terreur, au milieu des guillotines, des représentans et généraux cannibales, je parlois absolument comme j'écris aujourd'hui : mes lettres à Bouchotte et aux comités étoient sur le même ton; pas un de mes camarades n'osoit causer avec moi; j'étois un insensé, je courois à ma perte; ce que je disois avec l'accent du désespoir et de la douleur, passoit pour des accès de démence, et c'est cela qui m'a préservé de la mort; tout ce qui m'entouroit attendoit le 9 thermidor pour se prononcer en faveur de l'humanité qu'ils avoient sabrée impitoyablement quelques jours avant (26).

---

(26) Le gouvernement n'a jamais su apprécier l'officier général qui étoit assez heureux pour empêcher le sang de couler dans les départemens insurgés; il étoit quelquefois possible d'y parvenir, et je l'ai prouvé en petit à Laval, il y a deux ans, et l'an passé à S. Brieux; j'en ai les preuves matérielles; en vain des corps constitués ont écrit pour que je restasse au milieu d'eux. — Jamais de réponse. — Dans le Morbihan, je commençois à réprimer le pillage, et à gagner la confiance des paysans, lorsque je dé-

O Dieu! quelle lâche perversité que la nôtre! — Que j'ai vu de fourbes en révolution! ici c'étoit un assassin par principe et par goût; là un aristocrate qui se faisoit révolutionnaire, et qui, au besoin et pour sa propre sûreté, eût dénoncé son père ou sa maîtresse: à côté de lui se trouvoit un millionnaire qui, tout en abhorrant le gouvernement, en faisoit l'éloge, et provoquoit des mesures de terreur pour n'être pas suspect....

Grâces au ciel, je ne ressemblerai jamais à ces gens-là; non, parisiens, je ne vous ai pas trompés! j'ai embrassé franchement et sincérement votre cause; vos principes étoient

---

plus au souverain Bruë, qui s'amusoit à faire partout le général; il fallut donc partir. — Que le gouvernement futur sache bien que pour terminer cette guerre désastreuse, il faut employer des gens qui ne soient d'aucunes factions, qui ayent des talens militaires et un caractère conciliant, ce qui est rare; il y a des volumes à faire sur cette pauvre Bretagne; on l'a perdue à plaisir; la preuve en est que dix contre-bandiers qui formoient la bande des chouans en 93, et qui n'alloient que de Laval à la Gravelle, se sont étendus de Brest à Chartres; si cette note tombe sous les yeux d'un député, je l'engage à la méditer; il n'y a rien de faux, et si on n'y prend garde, on perdra la France tout-à-fait.

les miens, et je les professerai jusques à la mort; j'ai fait tout ce qui dépendoit de moi pour mériter la confiance dont j'étois honoré; je désirois sincérement la paix, et je travaillois à l'obtenir. Le gouvernement, auquel j'ai écrit que notre intention n'étoit pas de l'attaquer, m'a trompé, afin de vous assassiner plus à son aise... Croyez fermement que je suis étranger à cette perfidie (27).

---

(27) Réal, comme tu es le grand faiseur de Barras, et en cette qualité un être fort dangereux, souffre que je te démasque. Je te remercie de m'avoir associé aux très-honnêtes citoyens Laharpe, Morellet, Lacretelle, Tronçon du Coudrai, etc. C'est bien de l'honneur pour moi de partager l'indignation que tu leur témoignes, et je te réponds en leur nom et au mien, que malgré tout ton étalage d'humanité, tes motions, tes discours civiques, tes journaux patriotes, ta morale, tes principes, ta philantropie, les charmes de ta causerie, etc. etc. on s'apperçoit en te fixant qu'une *âme de sang* est placardée sur une vilaine face louche, grêlée et patibulaire; et qu'il y a sur toute ta personne un vernis canaille, que ton esprit ne fera jamais disparoître. — Tu es un citron révolutionnaire dont Robespierre avoit exprimé le jus, avant d'en jetter l'écorce, dans un coin du Luxembourg; et c'est toi qu'on peut appeler, avec raison un homme *nul* en probité, *vain* de ses crimes, *bavard* perfide, et *fanfaron* comme celui que tu aimes tant..... on n'oubliera jamais, que si le peuple

Séchez vos larmes, veuves et orphelins, attendez votre consolation du tems, il est implacable envers le crime, et tous les jours il s'avance pour demander justice de ceux qui vous ont privés de vos époux et de vos pères.

Convention nationale! en réarmant les terroristes, tu as légitimé notre insurrection, et tu as mis le sceau à ton éternel déshonneur. Dis-nous donc ce que sont devenus les nombreux assassins de l'Abbaye, de la Force, du Châtelet, des Carmes, de S. Firmin, de la Salpétrière, etc. où sont ces grands-juges des tribunaux établis aux portes de ces prisons; sont-ils fondus dans les cachots où vous les aviez renfermés, parce que l'opinion publique vous y forçoit? quel supplice ont subi les signataires de cette circulaire de septembre, qui prèscrivoit dans les départemens les mesures atroces de la capitale? aurez-vous l'audace de nous dire que tous ces scélérats ne sont pas en liberté? ne venez-vous pas de placer dans toutes les administrations et à la

---

est accablé de misère et démoralisé, que si tous les liens de la société sont rompus, c'est l'ouvrage des doctrinaires et des philosophes dont tu es le coryphée. — Puisque tu es payé, *réchauffe*, *réchauffe* l'esprit public; car il est froid en diable.

tête des soldats, les agens connus de la tyrannie de Robespierre? où étoit le rendez-vous général de ces assassins dans la journée du 13? où? à la convention...... avec eux vous avez bu notre sang et votre honte.

Tu as raison, *Réal*, lorsque tu dis dans ton Essai sur le 13 vendémiaire (qui n'est pas un coup d'essai): « J'ai vu de près toutes » les crises de la révolution (je le sais), j'en » ai étudié les mouvemens (je le sais). Un » caractère essentiel distingue celui-ci de tous » ceux qui l'ont précédé; IL N'A POINT ÉTÉ » POPULAIRE.... » Il s'en falloit même de beaucoup qu'il fût populaire; car tu sais par expérience, que sous tes vieux amis, *un certain peuple* assassinoit au nom de la commune de Paris et de la convention; mais le 13, c'étoit, au contraire, la *convention* qui assassinoit le peuple entier.

Je t'invoque, ô providence! purge au plutôt la terre de ces misérables; imprime en traîts de feu, dans le cœur de tous les français, le souvenir des malheurs dont ils sont accablés, que la fuite ou la mort d'un de nos tyrans soit un jour d'allégresse; haîne éternelle aux usurpateurs des droits du peuple. Certes, ces monstres peuvent encore nous tuer; mais au moins ils ne nous abuseront plus. La justice, la raison et la nature outragées, veillent au ſond de nos âmes.

Comment des factieux qui n'ont montré que le talent du meurtre et de l'intrigue, ont-ils l'effronterie de vouloir nous gouverner encore (28)? Malheureux français! soyez convaincu que des scélérats ne peuvent étaler que des vues étroites et cruelles; leur politique sera toujours rampante et astucieuse. Qu'a donc ſait la convention nationale

---

(28) J'applique aux corrupteurs et aux corrompus des assemblées primaires, ces deux vers de Virgile :

Vendidit hic auro patriam, dominum que potentem
Imposuit, ſixit leges pretio atque reſixit.

Les sommes que les comités ont dépensé pour le tripotage des réélections, sont incalculables. Bien des gens ont des preuves certaines de cela; mais ils sont prudens...... c'est-à-dire lâches; ils se tairont. On vient de nous faire un *petit emprunt* pour remplir le déficit; hélas! c'est une goutte d'eau dans la Seine, et il faudra bientôt revendre quelques meubles pour payer *sa majesté directoriale.*

Quant aux marchands de suffrages et de cabales, je rirai bien, lorsque l'un d'eux se trouvant vexé, incarcéré, ou torturé par une de ses pratiques, il s'avisera de se plaindre; on lui répondra : *Mon ami, tu sais bien que tu m'as coûté ſort cher;* eh bien, c'est pour cela que je te vendrai le plus cher que je pourrai. — Tais-toi donc jusqu'à la première assemblée.

pour la patrie ? je le demande à toutes les classes de la nation, *et sur-tout à ses partisans, à ces vils généraux, à ces assassins, dont j'espère qu'on n'oubliera pas les noms* (29). Puissions-nous être bientôt dé-

(29) Parmi les patriotes de 89, généraux de la Vendée, tels que Rossignol, *garçon orfèvre*, l'abbé Hasard, *maître de pension à Nanterre*, Carpentier, *curé d'Ambillou*, Valframbert, *ex-capucin*, Grammont *tragédien*, Muller *danseur*, Grignon *marchand de bœufs*, et enfin *cet Hercule qui à la foire portoit une table avec ses dents*, et que j'ai vu adjudant général, on doit distinguer le général en chef Thureau.

Ce républicain austère et prononcé, et fils d'un bon roturier, homme d'affaires de M. le duc de Bouillon, se faisoit appeller avant la révolution, *le Chevalier de Granbouville ;* tout Evreux sait cela, ainsi que l'histoire du tonneau, d'où provenoit sa seigneurie. Ce gentilhomme n'avoit point servi avant 89, ce qui ne l'empêche pas de raisonner et d'écrire sur l'art de la guerre, presqu'aussi bien que Folard. En moins de trois mois, son cousin député, l'a fait faire adjudant-général, général de brigade, général de division, et général en chef; voilà ce qu'il appelle dans ses mémoires, ne *point enjamber les grades.*

C'est sous le commandement de ce scélérat, que les soldats ont porté des enfans au bout des baïonnettes ; je l'accuse devant Dieu et tous les citoyens français, d'avoir signé l'ordre d'égorger *indistincte-*

livrés de cette race ignorante et dévastatrice ; c'est ce que je leur souhaite au nom du genre humain, de l'honneur et de la paix dont nous avons le plus grand besoin. Telles sont les prières que j'adresse à Dieu du fond de mon souterrein, qui n'est pas celui de Marat.

Vous tous, gens de bonne-foi, et qui courez inutilement après la liberté, ne croyez

---

ment toute la population de la Vendée, qui n'avoit point voulu quitter ses foyers pour passer la Loire. — J'ai vu des ordres originaux de M. Thureau, qui vient d'être acquitté et employé par le directoire, qui appelle les hommes tels que M. Thureau *de Linière, des républicains énergiques.* Si M. Thureau de Linière, au lieu de répondre à ces graves inculpations, s'amusoit à me calomnier, je lui rappellerois qu'en septembre 1793, il adressa au ministre Bouchotte une lettre qu'il fit imprimer, et dans laquelle il me portoit aux nues, comme ayant repris les roches d'Erigné, à la tête de 50 hussards ; (il étoit tems.)

Le célèbre Boursault, député, faisant une revue et une réforme d'officiers-généraux, rencontra nez à nez l'énergique *Brutus David*, adjudant-général ; ce M. *Brutus* avoit été son perruquier à Naples, lorsque lui Boursault y jouoit la comédie, sous le nom de *Malherbe*. . . C'est sous les ordres de semblables brigands, qu'on a fait exterminer des milliers de braves soldats, et que le pillage et l'indiscipline ont été portés à leur comble.

pas l'obtenir sous un gouvernement *usurpateur;* ne soyez pas dupes de quelqu'acte isolé d'une équité apparente, et dites-vous sans cesse: LE DIRECTOIRE A REPLACÉ TOUS LES TERRORISTES DE FRANCE.

Si vous voulez voir mourir trente factions en un seul jour, suivez le sage conseil d'*Emmanuel Sieyes*, qui vous a dit dans sa profession de foi : « Ce n'est ni pour caresser d'anciennes habitudes, ni par aucun » sentiment superstitieux de royalisme, *que* » *je préfère la monarchie à la république.* » Je la préfère, parce qu'il m'est démontré » qu'il y a plus de liberté pour le citoyen dans » une monarchie que dans une république.

Vous avez fait l'expérience de ces vérités; je n'ai plus rien à vous dire.

AUGUSTE DANICAN.

www.ingramcontent.com/pod-product-compliance
Ingram Content Group UK Ltd.
Pitfield, Milton Keynes, MK11 3LW, UK
UKHW020236220726
13923UKWH00002B/685

9 782014 433814